真正的美人
熬得过岁月
—— 做林徽因一样的女子

著 / 桑妮

国际文化出版公司
·北京·

真正的美人熬得过岁月

邂逅一个人，只需片刻，爱上一个人，往往会是一生。

相爱中的两个人，也真得是同一类人才好，不然，一个深冷清醒，一个执着困惑，便也是爱里的最悲哀。

目录

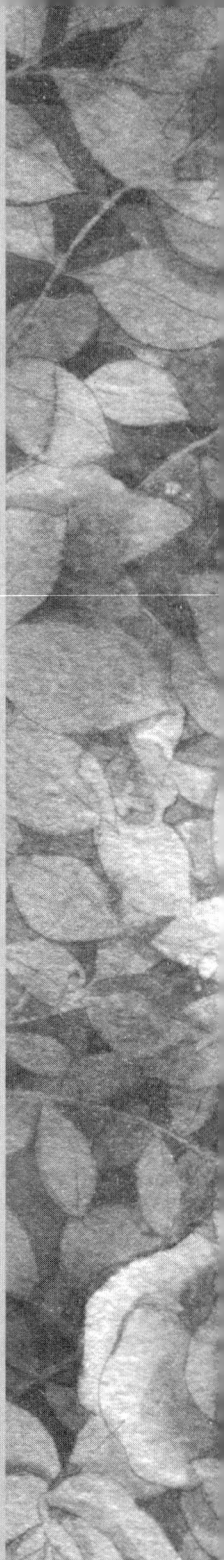

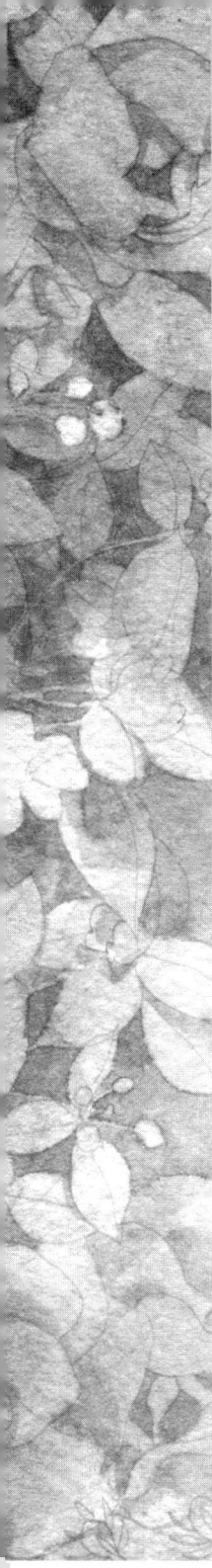

修行，是女神在爱里都如此

才情，是女神行走人间的资本

蕙质，女神活在当下

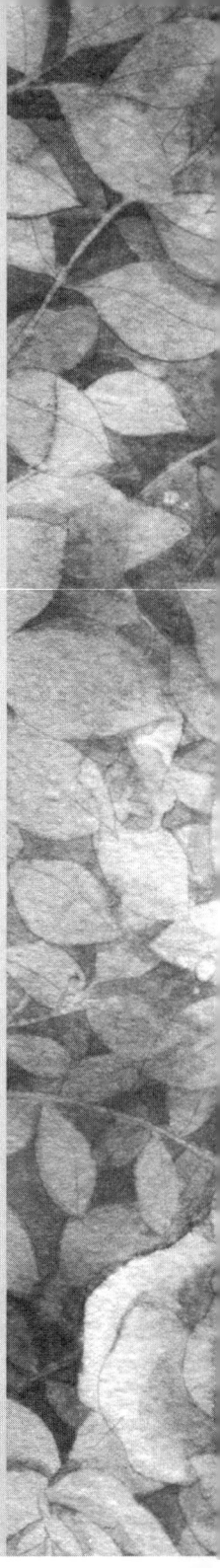

引子　女子当如林徽因

"真正的平静，不是避开车马喧嚣，而是在心中修篱种菊。"

——她说过的句子；我心中永远的锦句。相信，应也是许多女子心中的锦句。

只是，谨记心间的这美如水滴的言语，在现实的尔虞我诈、喧嚣浮华、功名利禄的都市里，渐渐地成了一份奢望，无几人能真正做到那心如止水的华美平静。曾思量中，还无语泪凝过。这世间可做到陶渊明笔下的那份"采菊东篱下，悠然见南山"的静美，确实无几人。尤其是女子。

不过，百年前，有个淡雅的女子做到了，并且还写下了许多如锦的句子。

她，就是受万千人高山仰止般爱慕着的林徽因。

看过对她溢美诠释最贴合深邃的句子，是白落梅写过的："她叫林徽因，出生于杭州，是许多人梦中期待的白莲。她在雨雾之都伦敦，发生过一场空前绝后的康桥之恋。她爱过三个男子，爱得清醒，也爱得平静。徐志摩为她徜徉在康桥，深情地等待一场旧梦可以归来。梁思成与她携手走过千山万水，为完成使命而相约白头。金岳霖为她终身不娶，痴心不改地守候一世。可她懂得人生飘忽不定，要学会随遇而安。"

世间女子，能若她这般洁净，任凭世事万象丛生，内心始终山明水秀、一清二白的，真真不多。

于我说，头衔里有着大家闺秀、社交名媛的林徽因，摒弃林长民的女儿，梁启超的儿媳，梁思成的太太，徐志摩恋上的人，陆小曼的情敌等诸如此类世人皆知的定概，长袖善舞的她，是所有女子膜拜的终极女神榜样——且仰望。

她聪慧理智，尤其在女子最容易偏失的爱情上。

这一点，回味她和诗人徐志摩之间那段若双燕呢喃绕梁般的爱恋即可知晓。我们皆知诗人是打开她那懵懂少女之心的初恋。然而，诗人却未能得到一段美好朦胧恋情里的一个圆满结局。这是因为，徽因对感情有着超然的领悟力及洞察力。

她虽有着名媛的高贵，却实无小姐惯有的娇气，而是性格要强，且自立，有自我睿坚的主见。因而，她虽和所有的女子一样会做梦，也爱做梦，更爱浪漫，只是，唯一不同的是她有多数女子在爱情面前很难保有的那份难得的理智与冷静。就如简·奥斯丁笔下的那个感情强烈却又头脑冷静的埃丽诺一般，她们皆是那种小事感性、大事理性的女子。她可以很准确地看穿徐志摩的想法，会在志摩一往情深，如飞蛾扑火般扑过来时，而不受宠若惊地迎合上去。

琼瑶式的天崩地裂般的爱情，她断然不要。她太明了其间的得失了。

不过，世间女子，有太多女子在爱情面前，尤其是这般炽热的爱情面前会迷失自己，总是待到情迷深陷后顿悟，才痴傻地懊悔当初的种种不该。人说，爱情只是一时的情绪，婚姻却是一辈子的幸福。所以，是女子皆当如林徽因般，就算爱到痴迷，也要试着停下脚步，理智地审视这段爱情是否值得自己赌上一生的幸福来换取！

暗自思忖，作为梁太太的徽因，之所以获得那份人人艳羡的幸福婚姻生活，绝对跟她这份理智的决定有着莫大的关系。

不是吗？万千回转，志摩和陆小曼曾那般海枯石烂地爱过，到头来，不也还是留恨满满？

她清雅坦诚。就如世间那道明媚的艳阳。

如一泓清澈见底的溪流，若一树雅香盈然的杏花。她把自己的生活，过得淡然从容。她绝不会像张爱玲那样，因着爱情的缘故把自己变得低到尘埃开出花朵，最终花谢尘埃，落魄孤寂地走完一生；亦不会像陆小曼那般如一团燃烧的火，为着爱情的缘故抛弃丈夫，打掉自己的孩子，到头来这果敢的决裂换来的却是最不可承受的粉身碎骨；更不像张幼仪那样隐忍着一切的不公，决绝地默默付出着，无怨无悔、不求回报又如何，还不是照样被逼迫着离婚了事？

她，是太了然这些生活中因为爱的缘故带来的伤痛，所以，处理志摩的感情时，她是那么淡然理智。事实上，除了志摩，还有一个男子曾让她做过如此干脆的决定。虽然，曾有过迟疑，不过也就是迟疑罢了。她生活得透如明镜的样子，不会让她做出不理智的决定的。

不过，最具女神范的，是这个事件中她表现出来的那份坦诚。

曾经，林徽因和梁思成结婚前夕，梁思成如是问过徽因："有一句话，我只问这一次，以后都不会再问，为什么是我？"也是，如徽因这般有着女神才貌亦有着女神胆识且睿智的女子，身边的追求者绝对是众多的，并且不乏才情之人。为何幸运于己，他自是疑问多多。可爱的徽因，并没正面回答他，而是像个小女孩一般调皮地回说道："答案很长，我得用一生去回答。"如此贴心雅然的女子怎能不让思成痴迷呢？

我若是男子，亦会爱呵这样的女子一生一世的。

最难得的，是徽因遇到金岳霖。金岳霖确也优秀，于是乎一向自律克制的女神徽因也未免俗，渐渐地爱上了他。然，她并未沉溺其间，任由心性选择，而是坦诚地向梁思成道出了自己情感的偏离。面对此，思成自是大度接受，而金岳霖更是爱煞她、尊重着她。终然，理智若她，仍是坚定地选择了与思成走完一生。

诚然，这样的选择真心是对的，亦是世间女子观摩揣度于心的。

所以，是女子当如此，若她一般懂得爱是一种修行：不沉沦，不淹没，只远远地看，淡淡地笑，清澈平和地长长久久地和心爱的人走完幸福完满的一生。

多好！

她才情独立。如同一朵开花的莲。

徽因固然长得美，不过若是缺少了才情，那也只不过是庸脂俗粉。美，是握在手心里的指间沙；岁月流转，即可轻易改变一个美人的容颜。然而，内在的美却可穿越岁月的浮华，变成一份超然迷人的气质。

纵观徽因的一生，可知徽因的芳华绝代绝不仅仅停留在美丽的容颜上，而是她那惊艳绝决的才情。

她的文学造诣，真的颇高。她那一首清雅若樱花的《人间四月天》，至今还被广为流传，那其间灵动如雀雁的诗句，美丽得让人心不由悸动，是入了心的。其外，好学、坚韧的她除了诗人身份外，还有一个响当当的令人惊动不已的身份，那就是中国当代第一个女建筑学家。是的，对于建筑的热爱，她和丈夫思成是志趣相投的，因而他们曾结伴走过中国的大江南北。即使在病中，她依然不曾放弃对建筑的研究，并用非凡的毅力于十年病榻上在中国古代建筑的研究上取得了巨大的成就。

这样的徽因，端的是最佳的女神。

是女子，就当做这样的林徽因。有自己的追求，独立、才情、孜孜不倦、毅力非凡，绝不做那攀援的凌霄花，而是做一棵比肩的木棉树，朵朵红硕的花朵里，可承载万千生命之华里的风起云涌。

最后，还是用她那句泛着馨香的话语做结语吧。

——真正的平静，不是避开车马喧嚣，而是在心中修篱种菊。是如此，唯有如此，才可在纷呈世相中不会迷失，可端坐磐石上，醉看落花流水；才能真正做到懂得区分取舍，活得恣意淡然。

种花香拂面，燕过声掠耳。是女子，当如林徽因。

那么，从今起，学着做一个淡淡的女子，做一个像林徽因一样的女子。

浮世清欢，细水长流。

女神，惊艳了时光

在那个极坏亦极好的时代，
她曾热烈地似火如花般璀璨绽放，
惊艳了那时的时光，
亦惊艳了我们这际的眼眸。

四月天，她踏清风而来

一

她，这个美好的女子，出生在晴天丽日的一九○四年六月。

氤氲着烟雨蒙蒙的陆家巷，古朴而宁静，青石铺就的长巷，飘荡着古城特有的烟火气息，谁人都知这是一座闻风就可做梦的美好的城，小小的婴童徽因就出生在这陆家巷的祖父家。

粉雕玉琢的林徽因，煞是让人心悦不已，喜欢至珍爱。她虽是个女婴，带给林氏家族的却是无限形容的喜悦。是的，这个一出生就拥有着令人无法抗拒灵气的美好女子，在很小的时候，即使得厚重的大宅院从此轻盈不少，亦使得家中的长辈获得欢颜无数。

饱读诗书的祖父林孝恂，喜悦地吟诵着《诗经》中那一首《诗经·大雅·文王之什·思齐》"思齐大任，文王之母。思媚周姜，京室之妇。大姒嗣徽音，则百斯男"，遂为心爱的小孙女取名"徽音"。这诗意盈盈的名字颇含深意："徽"，美也；"徽音"，即美音，寓意贞静之性、贤德之行。

这世间，也唯有她这样美好的人儿可以将这名字的意境予以诠释淋漓，用一生若雨若烟若清风的美好时光。

官宦世家里的女童，自小受到了良好的教育。

进士出身的祖父林孝恂，曾任职浙江金华、孝丰等地，后来为了林家子侄辈的教育，他毅然在杭州家中设立家塾。就因此，徽因的父亲、叔叔和姑姑们，自小就打下了很深厚的国学根基，并且还受到了新学的启蒙。

毕业于日本早稻田大学的父亲林长民，更是擅诗文，工书法。

所以，在这个有学识的家庭里，徽因早早就耳濡目染地接触到了国学诗文。

不过，徽因的启蒙教育却不是始于父亲，而是大姑姑。这是因为，在徽因两岁的时候，父亲赴东洋学习去了。

四岁的时候，徽因跟着表姐受教于大姑姑。聪慧的徽因，时常受到大姑姑的表扬。尽管在一起读书的几个姐妹中，徽因的年龄最小，却数她最灵秀，听讲的时候看似不经心，却可以在每每背书时滔滔成诵。

有时不得不承认，天才是与生俱来的。比如灵气逼人的徽因，再比如那个如鸢尾一般的张爱玲。激荡在她们内心的那些汹涌的如潮水般的才情，是一出生就流淌在血液里、灵魂里的。

才情斐然的徽因，亦是美的。可谓倾城，亦可谓倾国。

携带着林氏家族儒雅优秀血统的她，更世袭了祖母游氏典雅高贵、端庄贤淑的气质。有人说，杭州这座梦幻烟雨浪漫的千年古城亦赋予了她独有的魅力气质，那些恍如梦境的烟雨小巷，那些月上柳梢的深深庭院，以及那些你侬我侬的嘤嘤呢喃，都在赋予她一个欲语还休的美好。

拥有如此绝好特质的她，加之那绝代的容颜、斐然的才情，注定会成为绝代风华的倾城女子的。

诚然，这个踏着四月美妙无比的清风而来的女子，在后来的岁月里带给大家的感觉就似四月艳阳天空下的那一袭轻柔的风。

沁心，暖心。

在岁月的渐长里，她亦逐渐成长为一个心持明媚、内心澄明、自立强大的倾世女子。回望那时岁月，我们姑且不论她成长如斯，是与祖父林孝恂有关，还是与父亲林长民有关，抑或与母亲何雪媛有关，更或者是与那三个与她纠缠一生的男人有关了。

反正，我们知，世人皆知，在那个极坏亦极好的时代，她曾热烈地似火如花般璀璨绽放，惊艳了那时的时光，亦惊艳了我们这际的眼眸。

她，是这般的光彩夺目的女子。

是为，是女子都应成为的美好的样子。

或以楷模，或做偶像！

二

得万千宠爱的徽因，童年却是不快乐的。

这是因为她的母亲何雪媛。生于浙江嘉兴一个商人家庭的何雪媛，较之儒雅优秀的林长民确实失色不少。未曾受过教育的旧式妇女，自是无法深入擅诗文、工书法，才华出众的林长民的心的。

这样平凡的女子，如若给林家生个男孩也就罢了，偏偏肚子也不那么争气。

为了给林家传承香火，父亲林长民在徽因八岁的时候，另娶程氏。这位上海女子，虽然也无多少学识，但是胜在聪慧、性情温和，亦懂相夫教子，故而深得父亲林长民的宠爱。就此，何雪媛彻底失宠，如同被打入冷宫的妃妾。

女子，若是婚姻不如意的话，再是知性、通情达理，断也是会生出好多怨尤来的。更何况，徽因的母亲并不优秀，非但不懂琴棋书画，更因养尊处优惯了，并不善于操持家务。这样的她，既无法以才情博得夫君林长民的宠爱，亦无法以贤惠博得婆婆的欢心。

所以，当林长民娶了温良又美丽的上海女子程氏之后，她这个旧式的女子便成了一个陈旧的人，被生生地深深地冷落在一隅。

她的心，因而有了深得比海还深的怨尤；她的性情，就此亦如同那狭窄的角落里的光阴，阴晴不定。

徽因的童年，因着母亲的缘故而有了一段绵延而长的痛苦。

程氏为父亲接连生下了几个弟妹，自是母凭子贵住进了前面的大院；母亲则被冷落在后面的小院里。她，虽特别得父亲的宠爱，然而她还是要和母亲一起生活在后院。前院，常常会传来温馨的欢笑声，而这时却是母亲情绪波动最厉害的时刻，每每母亲都会在死一般沉寂的院落里发起无休止的牢骚来。此刻小小的徽因，特别特别地无助。

在这种原生家庭带来的伤痕里，她这个敏感的女孩，由此背负了如许的沉重，心中亦交织着对父母又爱又怨的矛盾感情。

诚然，她特别爱那个称自己为"天才女儿"的优秀的父亲，却又怨他对母亲那甚为残忍的冷漠无情；她亦特别爱给她温情呵爱的母亲，然而她对父亲的仇恨使得她的内心离父亲越来越远，如同有了一道无法逾越的沟壑，横在了他们父女之间。

家庭带来的伤痛，渐渐在她身上蔓延，以至于她成长为一个极为多愁善感的小孩。

常常，她会独自一人坐在木楼上，看天空飘过的云，孤寂得无以排遣。

事实上，这样的伤痛隐随了她一生。

她在成年后，成长为一位极负盛名的女诗人时，曾写就一篇《绣绣》来将那时的伤害给予呈现。那，绝对完全是她小时候的生活写照。绣绣，是一位乖巧的女孩，然而她生活在一个不幸的家庭里。母亲，怯弱无能、狭隘多病，因而招致父亲的嫌弃及冷落，于是父亲娶了新姨太。由此，绣绣整日夹在父母之间那无休止的争吵中。时日久长里，在没有温情、没有爱怜的家庭里，最终因病去世。

如此悲痛的情节，是她自己曾经历过的那段忧伤岁月的写照。

还好，正是因着这段经历，她在面对感情时，虽然也有过彷徨惆怅，犹豫不决，但到了最后还是做到了收放自如，懂得如何取舍。

由此看来，经历亦未曾不好。好的、坏的，都是磨砺一个人的最好课堂。

比如，徽因，童年的这段伤痛经历，终让她可以以一种端然静好的姿态，优雅地漫步在云淡风轻之间，让人仰望了一生，怀想了一生。

三

生长在如此家庭的徽因，是不幸的，亦是幸的。

在这个书香家庭里，她得到了浓郁的书香才情的熏陶，受到了最好的教育。幼年的她和一群表姐妹一起生活在祖父的大院子里，她们一起读书玩耍，她亦受到了来自大姑姑的启蒙教育。

为人忠厚和蔼的大姑姑，在给予徽因知识的同时，亦给予了徽因可倚重的亲情。这个出嫁后常年住在娘家的大姑姑，弥补了母亲性格、文化方面的不足，让徽因觉得有了亲昵的依靠。灵气的徽因，亦得大姑姑的欢心，尽管一起读书的几个姐妹中，徽因因年龄最小，最贪玩，却是背书背得最好的那个。

祖父家温煦如酒的庭院里，留有她童年最好的记忆，那里永久阳光灿烂，欢歌笑语。

也是。在成长的过程中，我们不可能所遇皆是静好。所谓离合悲欢，阴晴圆缺，潮起潮落，终会在流水光阴里呈现。人的一生，亦没有绝对的安稳，但是只要我们学会迁就，并努力学会寻找适合自己生活的方式，那么人生便不至于太过曲折，不至于太过彷徨。我的孤独虽败犹荣，接受、不自怨自艾，就可乐观地过一生。

小小徽因，就有这样与生俱来的接受力。

六岁的时候，她出了水痘，按照当地的说法，叫"水珠"。她，竟然因着这"水珠"的名字而雀跃了，而不似许多孩子那样感到难忍病痛。后来在她的回忆里，她如是说："当时我很喜欢那个美丽的名字，忘却了它是一种病，因而也感到一种神秘的骄傲。只要有人过我窗口，问我出的是'水珠'吗？我就感到一种荣耀。"

这，异于常人的感受，真真显露出她天性中的独特气度来。

她，亦是聪慧的孩童。

父亲在外，便把她留在祖父的身边。聪颖的她，深得祖父的喜爱。祖父给她讲各种各样的故事，给她最浓的爱意。而她则以祖父最引以为傲的才情回馈对方。六岁时，她便开始为祖父代笔，写书信给父亲，成为祖父和父亲之间最为亲密无间的通讯员。

八岁，父亲长居北京，他们全家则由杭州移居上海。

在上海这座风起云涌的城市里，徽因一如过往的天真烂漫，不受外界的干扰，而只沉浸在书卷里看春花夏露，看冬雪秋藏，看世间万物自然交替。那时，她已就读附近的爱国小学，开始熟读家中的藏书以及书画，冰雪聪明的她更深得家人的喜爱。

十二岁，父亲因在北洋政府任职，他们全家便从上海迁至北京。

霸气显赫的北京城，让她第一次感受到那份与历史相关的沉郁的沧桑。她开始就读于英国教会办的培华女子中学。这所贵族学校的校风严谨，培养出了无数谈吐举止优雅且有学问的学生。原本聪慧的徽因受它的良好培育，即刻从大户旧宅中跨入到一方充溢着朝气、讲究文明的新天地，为不久的将来那个名动世人的才女奠定了坚实的基础。

这时的徽因，已经出落亭亭，从小体弱多病使她看上去很瘦，然而却有着一份令人迷醉的纤细的柔美，加之自有的灵秀，斐然的才情，秀丽的容颜，她很快便成为学校最醒目的那颗星。她，如同诗意与柔情的化身，迷醉了无数校友，成为众人心中最美丽的女神。

不过，徽因从不空有美丽，徒有花瓶之态，她素来聪颖，从不以美丽自恃，而是非常努力，有主见，懂事、贴心。这也是在所有的子女中，徽因为何最入父亲林长民之心的缘故。林家人皆说，徽因是父亲最喜爱的孩子。

那时，趁着父亲远游日本，她翻出家藏无数的字画，一一过目分类，编成收藏目录，并在给父亲的家书上如是注道："徽因自信能担任编字画目录，及爹爹归取阅，以为不适用，颇暗惭。"

这样的徽因，绝对是女子们的榜样。

她虽柔弱，但从来都是坚强的女子；她虽多愁善感，但从不轻易在外人面前落泪。

这样的女子，总是会让人想起人间的四月天，诗意，烟雨迷蒙，绿意盎然，有着沁人心扉的素然美好。

风华绝代

一

人说，女子不可无智慧。

说的真好，诚然如是。容颜再美，时光会飞，再美丽也抵不过岁月。所谓美人迟暮，才最令人心疼不已。

唯有风华绝代，才是一个女子最佳的姿态。

成年的徽因，是可被称为风华绝代的一个。她秀外慧中、多才多艺，是美貌和智慧并存的化身。她之容貌，既秉承了大家闺秀的风度、江南女子的秀气，亦有着中国传统女性所稀有的独立精神和现代气质。

或许，她的容貌不是天下无双，她的智慧也绝不是古今中外女人世界里的旷世奇葩，然而她绝对是众多传奇里最独特的一个。

曾经，她让大诗人徐志摩想念一生，让大师梁思成宠爱一生，让大哲学家金岳霖守候一生，更让无数后世的男子高山般仰慕经久。

容貌与智慧并存，才足以称为风华绝代，才能赢得丰盈的人生。

没错，这世间有太多比徽因还漂亮的女子，然而没有几多可以似她这般有才，比她有才的女子更无几多有她漂亮。漂亮的女子，多被姿色所累，以为仅凭漂亮的容颜就可以取悦无数的名人官宦，却不知岁月无情，容颜易老，终有一天会失去更多。唯有用智慧，才能得到男子的尊重以及真爱。

男子虽然皆是视觉动物，然而审美疲劳才最致命。你固然美丽，然而，若只有躯壳，终究只能取悦他一时；最重要的还是智慧——只有智慧才是赢得一个男子长久爱慕的撒手锏，这是因为，智慧可以让一个女子在不同时期、不同地方焕发出独具魅力的风姿。

诚如徽因，在美丽的容颜之外，还溢满着浓稠得化不开的智慧，这使得她在人生的路上，如同拥有了天使的翅膀，美丽绚烂，大放异彩。

在不大的年纪，她便以其卓越的才情闻名于北京的上层文化圈。她创作的文学作品，题材涉及诗歌、散文、小说、戏剧等多个领域，更在当时的作家圈中声名大作。诚如此，这个既有容貌也有智慧的女子，在她的一生中，没有人能够轻视她的存在。

作为一个大国的顶级建筑师之一，她的任何一项成就都足以让她名垂青史——她是中华人民共和国国徽的主要设计者之一，是人民英雄纪念碑图案的主要设计者之一，而她凭借着自身的能量为抢救民族工艺品景泰蓝做出了不懈努力。

更让人钦佩的是，她亦活得努力。

她好学，并不以自己的聪慧而放松对学识的吸纳。因此，少女时的她跟随父亲游历欧洲，博闻强识；青年时，与年轻的学子丈夫梁思成一起携手游学，开中国女子研习建筑的风气之先；中年时，更是学贯中西，成为清华大学的国宝级教授、中国建筑学的先驱。

她的努力，更体现在她的多才多艺上，文艺的、科学的、东方的、西方的、古代的、现代的、人文历史、工程技术，皆达到一般专业者都难以企及的高度。

真正的女神，皆是如此的吧！

也唯有这样的女子，才可以倾国倾城，赢得无数人的仰望和爱慕，且无论男女，无论老少。

二

学识，可以让女子更优雅，尤其是貌美的才女。

一九二〇年春，这一年，徽因十六岁。

父亲林长民因为政坛失意，被派至欧洲考察宪制。这是一份闲差，林长民心知肚明自己在政坛已难再有大作为，于是带上掌上明珠徽因一起远赴欧洲游历。

此是年龄尚小的徽因，还未曾知这一趟行旅于自己将有怎样的重大意义，但是林长民知道，故而在临行前，他有意为徽因指引一条璀璨的人生之路，于是他在信中如是写道："我此次远游携汝同行，第一要汝多观察诸国事物增长见识；第二要汝近我身边能领悟我的胸次怀抱……第三要汝暂时离去家庭烦琐生活，俾得扩大眼光，养成将来改良社会的见解与能力。"

在去往欧洲的船上，面朝浩瀚的大海，徽因有了最初的悸动，并在心中深种了一个念头：这一世必要做一个广天浩地间最殊胜的女子。她的视野，就此扩大，她的世界亦就此宽广，她再也不是那个偶或伤感便独自悲伤的人儿，她这人生当真就此要丰盛而热烈地过。

在欧洲的日子里，她逐渐成长为铿锵热烈的样子。

她，源源不断地汲取着来自异域文明的文化养分，加之她扎实的英文功底，使得她能够自由地阅读。她认真研读萧伯纳的剧本，并从中逐渐领略到欧洲文学的真谛。

是年九月，她更以优异的成绩考入爱丁堡的圣玛丽学院。便是在这个城市里，她深受女建筑师的影响，从而立志投身建筑科学。读万卷书，行万里路，确实可以使人在所见所闻中改变人生。

徽因的学识，真真是令人讶然艳羡的。

初与徐志摩交谈时，她的才情学识便令大文豪级别的志摩感到惊艳。当他和她一起谈论名家作品时，尤其是说到外国原著时，说到他最喜欢的诗人拜伦、雪莱和济慈时，徽因居然能立即用英语将他们的作品背诵出来。他的惊讶无以言表。可见，那时的徽因对外国文学作品的熟悉早已超出同龄人好多倍。

父亲林长民说过，林徽因的博闻强识令人惊异，无论是济慈、雪莱，还是勃朗宁、叶赛宁、裴多菲、惠特曼……在以林家为中心的小文坛上，如果谁有记不住、背不出的诗句，林徽因都能准确无误地背出来。而那一年，当她用英文朗读诺贝尔奖获得者、爱尔兰诗人叶芝的《当你老了》这首诗时，在座的陈岱荪、金岳霖也被感动得泪流满面。

如是女子，怎会不让男人爱慕至死呢，更何况她还如此美，如花、如星辰。

由是，我们这些平凡女子都多读些书吧！

写就许多经典的莎翁曾说过："生活里没有书籍，就好像生命没有阳光；智慧里没有书籍，就好像鸟儿没有翅膀。"是的，生命中若无书籍的慰藉，那么所有的获得都将有缺失。尤其是女子，若是可在字里行间汲取丰盈，那么必定能够获得一份韵味独特的优雅。

古人的那句"女子无才便是德"，曾多么恶意地断送了女子们本该璀璨丰盈的一生。

而今，我们再也不必被这句古语绑架。所以，趁时光微凉美好，我们读书吧，做一个书香的女子，似徽因这般，可傲立繁华，可阅尽苍生，亦可体味人生之极致之妙处。如此，断然不会再做一个在男性世界里失声的柔弱女子，断然不会对一段苟延残喘的爱情拉着不放，而是傲然地努力地去获得属于自己的幸福。唯有如此，女子的骨子里才有了美，生活里才能多份从容、淡定、自信及坦然。

即使岁月老去，你也将永远从容地优雅着。

即便此刻你已皱纹生长，但又如何？依然会有无数人爱慕你苍老容颜下那优雅从容的灵魂。

且因着你的优雅从容，你永远风华绝代。

爱情，只是艳了那一时

一

书上说："邂逅一个人，只需片刻，爱上一个人，往往会是一生。"

果是如此，看她和志摩。

那年九月，她以优异的成绩考入圣玛丽学院；那年九月，一个多情的才子从美国抵达英国。仿佛命中注定的缘分一般，他们之间有着某种说不清道不明的宿命纠缠。

是年十月，徐志摩为了结识狄更生①先生，而去拜访林长民。

①全名为高斯华绥·狄更生（Goldsworthy Lowes Dickinson，1862—1932），英国著名作家、社会活动家。

就是这一次拜访，他结识了才女徽因。这个亭亭静美的女子，就此让他爱慕终生，惊艳了他此后的时光。

那一年，他二十四岁，她十六岁。

不过，对于一个风流倜傥的才子而言，二十四岁还是那么的年轻，更何况他那么俊美、儒雅，浓郁的诗人气质让他散发着满满的浪漫气息，彼时有无数红颜佳丽为他倾心。

起初，一相逢里，这样优质的男子，是入了情窦初开的徽因的心的。

只是，恨不相逢未嫁时。这时的志摩不仅已经结婚，而且是一个两岁孩子的父亲。尽管这个先锋前卫的诗人，是如此地追求理想人生、争取婚恋自由，然而还是在最后遵从了父母的意愿，娶了之前未曾谋面的女子张幼仪。他，自是端的不爱这个女子，对她亦做尽了无情残忍之事。

生性浪漫的他，时刻都想着如何结束这段错误的婚姻，尽管他们之间有了血脉的相连，那又如何？他不爱她，是个不争的事实。他可谓多情，却在面对张幼仪时永远一副不耐烦的臭模样，尤其是在认识了美丽才女徽因之后，他更是对张幼仪做了残忍至极的事情。

那时，温良女子张幼仪刚刚离开故土来到这遥远的异国他乡，他非但没给她应得的来自丈夫的依靠，反而是无情的抛弃。

他给她写信，要求离婚："……真生命必自奋斗自求得来……彼此有改良社会之心，彼此有造福人类之心，其先自作榜样，勇决智断，彼此尊重人格，自由离婚，止绝苦痛，始兆幸福，皆在此矣。"

他，是如此迫切地想要断了这份他不想要的姻缘。

亦因为，他是如此地深爱那个眉眼素雅、静若莲花的女子。他怕错了她，就此会错过一辈子。所以，他如此地迫切，不顾张幼仪怀有身孕而做了那个最负心的人。

在爱情的面前，他这个浪漫至死的男子便只有了爱情，再无其他道德可言。

他，开始每隔一两天，就到林家公寓去喝茶、聊天，还会每天给徽因寄出一封信。这些文字是有极有激情，有穿透力的，亦是火辣辣的，让一个十六岁少女心跳不已："如果有一天我获得了你的爱，那么我飘零的生命就有了归宿，只有爱才可以让我匆匆行进的脚步停下，让我在你的身边停留一小时吧。你知道忧伤正像锯子锯着我的灵魂。"

在爱里沉浸的他，完全疯狂了，变成一个无情、冷酷、忘恩的人。

他，只为了他的爱而活，不再管任何人的死活。

较之他盲目冷酷的表现，小他很多岁的徽因好过他太多太多。她，虽在最初里对他的那些爱的痴狂有所心动，亦也真爱了，还曾与志摩在康桥之上深拥着一起许下诺言。然而，她自持的内省，教她要清醒，要懂得取舍。

二

面对志摩的热烈追求，起初的徽因也是不知所措的。

浪漫气质的诗人，亦是入了她眼的。尽管她心底的情感与志摩对她的情感完全不同，然而，在心底，她是将他置于深处了的。

情窦初开的单纯少女，是容易爱慕有着广博见识、独立见解、奔放性情、坦荡率真的诗人的。在某些时刻，她是感激志摩这么个人的，与他相识相知，亦是她在伦敦最美好的记忆。

他，是除了父亲之外，她接触的第一个优秀异性。

他，具有她因独处而渴望的亲密伴侣的所有优点——浪漫、温柔、诗意、潇洒、自若，且热烈。

她，亦知他有妻子，但曾几何时，她想，只要拥有就可。

也是，这世间就属爱情让人生死相许，无以逃离。断你是白素贞还是小青，会掐指一算的神功又如何？明了世事里孽障里的阻碍又如何？不还是义无反顾地投入到无望的爱情里。

那段时日里，伦敦的雨雾好似刻意地在为他们的爱情营造一份独有的浪漫气氛，每一天都若有若无地飘浮着，无休无止的样子。他们的爱情，在这浪漫的雨雾里升华再升华。常常，他们会围坐在温暖的壁炉前，从音乐到文字，从现实到梦境，从昨日到明日地畅聊不休。

彼时，是真的爱了。

两颗悸动的心，让彼此都是爱意深浓。

她，爱他温文尔雅的气质；他，则爱她那一双清澈如水的双眸，常常在对视的一刹那，彼此的心海就会汹涌澎湃。这就是爱了吧，因为只有爱了才会闻风柔软，看雨生情。

然而慌乱过后，徽因还是沉静了下来。

她，开始直面自己的心灵，直面自己的真实想法，于是幻象消退，一切都清晰了。她，就此有了懊恼和沮丧。

她，有了深刻的反思，要坚决杜绝自己去破坏别人的家庭。一九二一年秋，恰逢父亲林长民出国考察到期，于是，她毅然决然地跟随父亲乘海轮归国。

多年后，世人提及他们的这段感情时，还唏嘘不已，然而更多的是钦佩徽因这样的女子。在十六七岁的年纪里，她竟可以在面临如此重大的人生抉择里，听从理性的召唤，选择了一条使自己人生完满的路。

也不能说不爱了，只是明了不能爱。所以，在经年的时光里，她将这段情感深藏，她和他始终保持着朋友间真诚而纯洁的情谊，这样的处理使她永远拥有了志摩的敬重和挚爱。

而在志摩遇难时，她亦悲痛地给胡适写了封信来谈及对志摩的想念：

"我的教育是旧的，我变不出什么新的人来，我只要'对得起'人——爹娘、丈夫（一个爱我的人，待我极好的人）、儿子、家族等等，后来更要对得起另一个爱我的人，我自己有时的心，我的性情便弄得十分为难……

"这几天思念他得很，但是他如果活着，恐怕我待他仍不能改的。事实上太不可能。也许那就是我不够爱他的缘故，也就是我爱我现在的家在一切之上的确证。志摩也承认过这话。"

然而，又如何？留给这段感情的，唯有那艳绝了时光的诗句：

我的眼是康桥教我睁的，

我的求知欲是康桥给我拨动的，

我的自我意识是康桥给我胚胎的。

……

以及：

悄悄的我走了，正如我悄悄的来；

我挥一挥衣袖，不带走一片云彩。

也是，爱情的盲目常常会使我们失去自己，很多人会不止一次地畅想理想爱情的样子，憧憬未来的相伴相守，却很少能够拨开云雾看到自己的真心，所以往往会深陷在一段最不应该的爱情里，困顿着，无望着。

还是徽因最清醒。

明了爱里的盲目，明白爱情应保有"只管走过去，不必逗留采了花朵来保存，因为一路上，花朵自会开放"的纯真。

如是，爱才不会受伤。

爱情里的女子，当真要学徽因这般爱亦明了的洞达聪颖。

三

徽因回国了。

志摩在思念、爱恋、失望和希望中辗转。

他，开始写诗，以此来抵消心底对徽因的难以忘记。星月光辉开始让他感动得流泪，轻缓的溪流开始让他体味到寂寞，薄霜满地的树林开始让他倍觉感伤，他的这些无以排遣的情绪，最后全化成一行行的诗。

人们都说，那时他创作的《偶然》是给徽因的。

应该是吧。

我是天空里的一片云，

偶尔投影在你的波心——

你不必讶异，

更无须欢喜，

在转瞬间消灭了踪影。

你我相逢在黑夜的海上，

你有你的，我有我的，方向；

你记得也好，

最好是忘掉，

在这交会时互放的光亮！

不久，徽因亦回应一首《仍然》，表露自己的心迹。

你舒伸得像一湖水向着晴空里

白云，又像是一流冷涧澄清

许我循着林岸穷究你的泉源；

我却仍然抱着百般的疑心

对你的每一个映影！

你展开像个千瓣的花朵！

鲜妍是你的每一瓣，更有芳沁，

那温存袭人的花气，伴着晚凉；

我说花儿，这正是春的捉弄人，

来偷取人们的痴情！

你又学叶叶的书篇随风吹展，

揭示你的每一个深思；每一角心境，

你的眼睛望着，我，不断地在说话；

我却仍然没有回答，一片的沉静

永远守住我的魂灵。

　　然而，即使这般情深，在不对的时间里相遇的两个人，缘分早已止于英国的康桥。

　　她说过，"生命早描定她的式样，太薄弱，是人们的美丽的想象"。曾如此，她早已知道，世间万物皆有其自身规律，一如山河不可逆转，岁月不可回流，所以，她端的不允许自己在一段内省的情感里沉迷。

　　也因此，这个活得比谁都清醒的女子，写就的文字永远没有疼痛之感，行将而过的生活永远不曾让自己受伤。

　　这样的女子，未尝不浪漫，不诗意，只是清醒理智而已，所以多年后，她如是说："他如果活着恐怕我待他仍不能改变，事实上也是不大可能，也许那就是我不够爱他的缘故。"

聪慧若她

一

聪慧若她。

徽因端的知道自己在爱情里的角色，亦清楚地知道他的妻子张幼仪是个怎样的女子。

她，安分守己，毕恭毕敬地伺候着公婆，尽管受尽丈夫的冷落、背叛，依然无怨无悔，并为了他漂洋过海。这样的温良女子，让徽因无以为继这段感情。由是，她决绝地跟随父亲离开了那个爱初始的地方。

也是。一个男子，再是深情，若是对着两个人生了不同的态度，亦是不可靠的。

想他，多情亦深，无情起来亦是让人气愤不已的。

离开，决绝地离开，是聪慧如徽因才能如此。若非如此，真是会让自己走到难堪、逼仄的地步。对于素来优秀的徽因，对于她从小生长的博学世家，都是不被允许和原谅的，所以，她决绝转身。迅猛仓促又如何？至少她洒脱抽身，没有蹚这被世人视为污垢的浑水，保有了她一世女神的身份。

由此，通达洞明的徽因，对于未曾谋面的张幼仪，没有生出丝毫的敌意，反而生了浓浓的怜惜之情。

只怪缘分浅，只怪他们没有在对的时间遇见，早一步或者晚一步相遇，结局可能都会不一样。

关于这段还未浓烈即已分开的爱情，徽因亦是神伤的，于是她写下这首《深夜里听到乐声》：

　　这一定又是你的手指，
　　轻弹着，
　　在这深夜，稠密的悲思；

　　我不禁颊边泛上了红，
　　静听着，
　　这深夜里弦子的生动。

　　一声听从我心底穿过，
　　忐凄凉
　　我懂得，但我怎能应和？

　　生命早描定她的式样，
　　太薄弱
　　是人们的美丽的想像。

除非在梦里有这么一天，

你和我

同来攀动那根希望的弦。

与徽因的这种清冷深省相比，志摩却是另外一副模样——对于她的不辞而别，他是惆怅难安的。夜里，他在雾都的伦敦无以能寐。

遇见一个心仪的人，这应是三生三世修来的缘分，而如今却只能望而却步，放谁身上都是难以释怀的，更何况他如此爱，如此为她着迷，如此将她嵌在心底，与她骨血相连。他以为，只要离婚了，就可以和她长相厮守；他以为，他的深爱足以让她放弃一切跟随自己。

然而，他忘记了她那良善的同情之心，她是绝不会将自己的幸福加诸在任何一个人的悲伤里的。从小见惯了母亲的哀伤，她就此悲悯天下，谁都不愿意伤害。

二

回国后，徽因继续在培华女子中学就读。

和志摩的一切都成了一场梦。她，看上去很好，和过往未曾不同，一点都看不出负伤而逃的痕迹。

这，是徽因作为女子最强大的地方：不去凭吊过往，不会回头，哪怕心底真切的痛了，错误的就是错误的，绝对不会选择。毕竟是官宦世家出身，毕竟是京城名媛，即使是留过洋的新女性，然而，都抵不过她骨子里的那份固有的传统思想里的三从四德。

由此，她清醒地认出志摩的爱。她说："徐志摩当时爱的并不是真正的我，而是他用诗人的浪漫情绪想象出来的林徽因，可我其实并不是他心目中所想的那样一个人。"

当最初的慌乱过后，她即沉静了下来，面对自己的心灵，认清自己真实的向往，就此幻象消退，愿望清晰，由此她沮丧地自言道：这怎么可能呢？

当初，正是清楚地知道他是有家室的人，才跟他无所顾忌地交往；如今，自己怎么可能去破坏别人的家庭？

确实，出身名门、从小跟着祖父母生活的徽因，是在传统的伦理教育中长大的。尽管读了许多西方文学作品，但她单纯的生活阅历、高傲的性情以及她的理性，皆使她不会去做任何与传统、与家庭名望相悖的事。

就此，这一对璧人因为缘分的缘故，从此天涯海角各一方。

相爱中的两个人，也真得是同一类人才好，不然，一个深冷清醒，一个执着困惑，便也是爱里的最悲哀。

像志摩说的，"我这一辈子就只那一春，说也可怜，算是不曾虚度。就只那一春，我的生活是自然的，是真愉快的！（虽则碰巧也是我最感受人生痛苦的时期）……说也奇怪，竟像是第一次，我辨认了星月的光明，草的青，花的香，流水的殷勤……"便也真是苦涩，让人心生疼惜。

他，生平是为第一次，深深地体会到爱恋一个人的甜蜜和疼痛。

然而，道不同不相为谋，在爱情里亦如是。

相较于志摩的深深不舍，徽因的在《情愿》一诗里却充满了决绝：

我情愿化成一片落叶，

让风吹雨打到处飘零；

或流云一朵，在澄蓝天，

和大地再没有些牵连。

但抱紧那伤心的标帜，

去触遇没着落的怅惘；

在黄昏，夜半，蹑着脚走，

全是空虚，再莫有温柔；

忘掉曾有这世界；有你；

哀悼谁又曾有过爱恋；

落花似的落尽，忘了去
这些个泪点里的情绪。

到那天一切都不存留，
比一闪光，一息风更少
痕迹，你也要忘掉了我
曾经在这世界里活过。

"你也要忘掉了我，曾经在这世界里活过。"是真心字字句句扎得人心流血。

不过，事实上，徽因并非冷血，她亦将他珍惜于心。作为出现在自己生命中的第一个男子，他给了她所有的诗意、浪漫，美好的想象，因而多年里她将他深藏，搁在一处最纯净的角落，不向任何人提起。

就此，他们交往了一辈子，以朋友、知己的身份，淡而如水，却细水长流地交往，仿佛不曾发生过什么，又仿佛从未曾别离过。

回头想，这徽因真是冰雪聪明、蕙质兰心，用自己的智慧、品德，树立了一个女神的美好形象。

洁净如莲，美好得像个童话。

他，才是吾城

一

"于千万人之中，遇见你要遇见的人。于千万年之中，时间无涯的荒野里，没有早一步，也没有迟一步，遇上了也只能轻轻地说一句：'哦，你也在这里吗？'"

这是那青花瓷上浓淡转笔、曲调里抑扬顿挫、点点滴滴皆是才情的爱玲，一早就一语中的地说出的爱之语。

是的，于世间，你与谁相遇，皆是缘分注定的。

徽因和梁思成，即这般。

十七岁时，思成随着父亲梁启超前往林家，第一次见到徽因。彼时，徽因十四岁，面容里仍带着稚气，然却是生得亭亭玉立，让他心生念想。"梳两条小辫，双眸清亮有神采，五官精致有雕琢之美，左颊有笑靥；浅色半袖短衫罩在长仅及膝下的黑色绸裙上；她翩然转身告辞时，飘逸如一个小仙子。"这是他写过的关于徽因的句子。

是的，他是在初见里就将她紧锁在心口的男子，不似志摩念想着把她生成理想的样子。所以，这样的男子让敏感的徽因有了浓得再也化不开的安全感。所以，这个男子在他们再次相见就在了她的心底。

思成，是为"戊戌六君子"之一梁启超的长子，最深得梁启超钟爱，这样的男子诚然优秀。在清华学堂念书的时候，他是校园里最风云的人物，同期同学视他为"具有冷静而敏捷的政治头脑"。

恰逢其缘，回国后的徽因突然对建筑痴迷起来，在他们日渐交往密切起来的日子，徽因不断地与思成谈着她的新兴趣，而那时思成对于建筑是"我当时连建筑是什么还不知道，徽因告诉我，那是包括艺术和工程技术为一体的一门学科。因为我喜爱绘画，所以我也选择了建筑这个专业"。

因为爱屋及乌，思成选择了建筑专业，未曾想到的是，建筑成了他们俩毕生的追求。

两个人可以相爱，可以终生厮守，真得是同一类人，有共同的爱好、情趣，抑或事业。如此两个人在一起，才可于一个眼神互会里彼此深懂。这，即是古人言语里的"琴瑟之好"。

北京景山后街，有一座典雅的院落叫"雪池林寓"，是林长民买下的院子。他，爱这里的安谧，加之这里地处北京的中心，所以他果断地买下了这里。在这座庭院的后院，有两棵高大挺拔的栝树，春天时，栝树青葱碧绿，鲜黄色的花朵更是艳美得逼人眼。自此后，他写诗题字时都自称是"双栝老人"。

徽因和母亲，那时居住的小院里有着一架紫藤。紫藤摇曳，羽毛般的叶子密密匝匝地缠藤绕茎，阳光照耀下，藤蔓架会筛下一地的斑驳阳光，煞是浪漫。

思成，常常来这个浪漫的地方约会徽因。

对于思成，母亲很是中意。在她挑剔的眼里，他符合所有她对女婿的想象——谦和、斯文有礼，并且腼腆里透着难得忠厚；个子虽然不高，但是看上去却是十分的精神。

最重要的是，徽因喜欢他。

常常，她眼见着两个沉浸在快乐中的年轻人，像一对小鸽子咕咕哝哝，似乎有着说不完的话，心底就会涌出万千的喜悦。在她内心，对于爱恋的渴求是比谁都深浓的，然而缺失亦是最多的，所以，她希望自己的心肝宝贝能避免自己遭受的疼痛，获得来自爱情、来自家庭的美好与完满。

徽因，亦爱思成。

无论是出身教养还是文化层次，他们都有太多的相似之处，于是，他们在性情和情志上便有了志摩无法企及的默契。是，他知她意，她亦知他意；亦是，精神的交融和互相的抵达使得他们的心彼此贴得更近，如同双生。

尽管，思成并不十分长于言词；尽管，思成并不高大。然而，他具备吸引徽因的幽默感，他不动声色的谐谑，常常让徽因忍俊不禁，而他的笃诚宽厚，则让徽因感知到从未有过的踏实和心安。

如此，足够。

如此，对于女人而言最动心。

所以，在情场浪子志摩和他之间，她笃定地选择了他。

这，是一个女子最聪慧的选择。细思量，这世间有多少女子毁于选择所谓的浪漫上。浪漫可用于谈情说爱上，可用于山盟海誓、海枯石烂的诺言上，却单单不能用于实际婚姻里的柴米油盐上，否则，就会碎裂一地，无法捡拾。

这，也就是所谓的爱可以谈，天花乱坠地谈，然而婚姻却是过的，踏踏实实地过的。有关柴米油盐，有关拌嘴吵架，有关同甘共苦，有关……只是无关风花雪月，花前月下。

二

李碧华曾手握一支妖娆的笔，写出"每个女人，也希望她生命中有两个男人：许仙和法海。是的，法海是用尽千方百计博他偶一欢心的金漆神像，生世静候他稍假辞色，仰之弥高；许仙是依依挽手，细细画眉的美少年，给你讲最好听的话语来熨帖心灵——但只因到手了，他没一句话说得准，没一个动作硬朗。万一法海肯臣服呢，又嫌他刚强怠慢，不解温柔，枉费心机"。

所以，对一个女子而言，一个男子给予的安稳感才最重要，所有的风花雪月不过是比花还美的短暂存在；一旦花期过了，凋零的姿态更是难看，倒不如一棵树一般的安稳来得实在，虽然比不得花带来的绽放之美，然而却能在绿意盎然里给予呼吸的温暖。

所以，今来看，对徽因的选择有了更多的认同。

跟志摩的浪漫之爱相比，思成的爱更敦厚，更让人感觉踏实，这么说来，志摩的爱是风花雪月，若花绽放，而思成的爱则是树，一擎能遮天下烈阳的树，绿阴满处，虽寻常，不绚丽，却让女子倍感温暖。

这样男子的爱，才是俗世间最好的爱；这样男子给予的幸福，才是俗世中最幸福的。

所谓烟火的幸福，也就是这般。

最淡然当然是徽因了。多年生活在母亲的感情缺失里，她对爱的要求甚高，也一眼可以洞穿情爱。十六岁的她，虽然年纪尚小，但是却早已磨砺出了一份对情爱的超然认知。在处理和志摩的情感上，她断不会，也不敢像名媛陆小曼那样不惧不怕，为爱生死相赴。

她淡然地离开志摩，转身投向思成温暖的怀抱，却未曾让志摩真正死心。

回国后的志摩，已经践行诺言恢复了单身，在看到徽因和思成的你侬我侬时，依然心有不甘，他依旧找尽各种借口和理由，试图靠近她，希望跟她走得更近些，再近些。

不是没有犹豫过，毕竟志摩是自己的初恋，在情动最初时，也最是刻骨铭心的。

然而，徽因慧质，在处理志摩的爱的纠缠时，巧妙而不伤人。当志摩和胡适、闻一多、梁实秋等人成立新月社的时候，徽因也不避嫌地参加了。这，或许是一个女子处理感情的最佳手段，不是分手了就老死不相往来，爱人没有对错，不应拒人千里，让本已受伤的人更受伤。

志摩是端的不能将徽因忘怀，在取社名的时候，他还依据泰戈尔的诗集《新月集》而起，意为"它那纤弱的一弯分明暗示着，怀抱着未来的圆满"。

关于徽因和志摩之间的感情，思成是知道的，然而明智若他，更知道自己长于志摩的是什么，更知道徽因迫切需要的是什么，所以，他始终给徽因以足够的自由，并不忘给予她最多的关怀与呵护。他寻找一切可以跟徽因相处的机会，制造一切最切实的平常快乐，给予她最现实的安稳。

终于，功夫不负有心人，一个契机让他最终抱得美人归。

那场意外的车祸，让徽因彻底将一颗心交付给了他。那是一九二三年的五月七日，思成和弟弟梁思永骑摩托上街参加"二十一条"国耻日示威游行，没承想，行到长安街时被军阀金永炎的汽车撞倒。思成和弟弟思永受伤，弟弟还好是轻伤，他却没那么幸运，重伤住院。

在获悉思成出车祸的一刹那，徽因终于感知到思成对于自己是什么了，是比亲人还亲的亲人，是比天还广阔的支柱。所以，在思成住院的日子里，她每日都去医院照顾他，天炎流火的夏季，让他们之间的感情迸发出各种火花。她，终究懂得，这个不懂风花雪月的男子才是自己最终的归宿，她暗下决心，这一世不轻易与他别离。

那个烟火一般的女子唱："有时候／有时候／我会相信一切有尽头／相聚离开都有时候／没有什么会永垂不朽／可是我有时候／宁愿选择留恋不放手／等到风景都看透／也许你会陪我看细水长流。"

是的，这世间没有什么可以永垂不朽，能找到一个陪自己细水长流看风景的人，此生足矣！

清绝，
是她的本色

当时间荒芜、沉淀之后，
当爱意已成回忆之时，
徽因已成长为另一个更好的自己：
明白自己要什么，不要什么；
知道幸福的方向，看得清自己所要的幸福的
模样。
如是，真好。

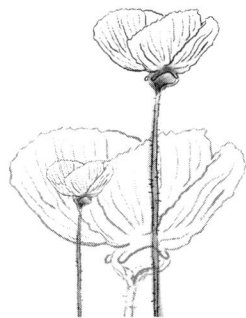

时间，是最好的良药

一

思成的车祸，使得他们之间的感情升华至一个高度。

或许，一切爱有天意。本来，思成是计划在一九二三年赴美留学的，因为车祸不得已推迟了一年。而这一年，恰可以等徽因在培华女中学业结束，并且还可以考取一个半官费的留学资格。

所有的利好，都指向了他们这一对儿的感情上。

假若，思成离开赴美，徽因留在京城的培华中学，结局或许不一样。因为，志摩是无论如何都无法做到放手的。徽因对于他们之间的淡然处置，一直给予他无限可能的空间。徽因经常无所顾忌地参加新月社的文学活动，跟他还时常有交集，她亦一直将他视为一生的朋友交往着。

这，让依然深爱着徽因的志摩情思涌动如浪潮。

在印度诗人泰斗泰戈尔访华时，这情思演绎至高潮。诗人来华，给了她和他相处的机会。

作为第一位获得诺贝尔文学奖的亚洲人，泰戈尔以一部《吉檀迦利》征服了一批当时中国进步的文艺青年。这其中，也包括徽因和志摩。他们深深地沉迷于诗人营造的清寂深阔的诗意。当泰戈尔的秘书恩厚之谈及泰戈尔有意访华时，志摩和一大票文艺青年就雀跃惊喜起来。后来，志摩更有幸介入到泰戈尔访华的事宜中。

是年四月，泰戈尔终于来华。

徐志摩在泰戈尔访华期间担任其翻译，又因这次事件是由林徽因的父亲林长民和梁思成的父亲梁启超共同策划组织的，因此，徽因也参与了接待工作。

交集，由此不可避免。

时日不久，就出现了这样一幕画面：一九二四年四月二十三日，泰戈尔在日坛草坪讲演，林徽因、徐志摩似金童玉女一般陪伴在侧，那一日林徽因搀扶他上台，徐志摩则在侧担任翻译。而媒体亦有了这样美的描述："林小姐人艳如花，和老诗人挟臂而行，加上长袍白面，郊荒岛瘦的徐志摩，犹如苍松竹梅的一幅三友图。"

这件事一时成为京城美谈。

五月八日是泰戈尔先生的六十四岁诞辰，为了庆祝泰老的生日，新月社的成员编排了英语版《齐德拉》诗剧。徽因饰公主齐德拉，志摩则饰演爱神玛达那。昔日的一对恋人，扮演起恋人来自是得心应手，许多过往的情愫自然而然地被带入戏里。由此，舞台上下，大家都进入了角色，分不清谁是谁的恋人。

志摩，旧情难忘的志摩，更是深陷其间，他仿佛回到了康桥，回到了那时和徽因一起的甜蜜日子。他几乎忘记了自己是在演戏，将一份真情密密实实地流露在舞台上，台下的人们被感动了，然而，思成的心里却不是了滋味。就连不懂英文的梁启超都看出了二人之间情感的端倪，生了不快，思成的心境可想而知。

流言亦起。世人皆知徽因和思成热恋，亦知徽因和志摩的过往爱恋。所以，流言蜚语漫天飞舞。到底为何诗意的徽因不选择才情的徐志摩，也成了人们揣度的焦点。他们想不通，思成固然是优秀的，但是跟长袖舞风的志摩比，无论从外貌还是从内在才情都是略逊一筹的。并且，当徽因和志摩站在一起是怎样一道令人难忘的风景，也是世人皆见的。

然而，思成的好，也唯有当事人徽因自己知道。

明白自己到底要什么，是徽因最大的优点，也是后来女子最应该学习的爱之方法。不为情所困，不为所谓的光鲜所迷惑，明白自己要什么，什么才是支持自己幸福的因素，才可以真正做到和一个人细水长流，相伴到终老，而这样的情感亦是俗世最美好的情感。

所以，当这段情感有死灰复燃的趋势时，徽因选择快速抽身逃离。

她知道，唯有远离，才可以使得自己那颗驿动的心渐次平静。

她亦知进知退；知何事该，知何事不该；知道自己不应如父亲、志摩那样弃旧人，得新欢。自小，她恨极了抛弃，无论哪种情况，她都无法忍受有人遭受到抛弃。母亲的疼痛，她早已如同身受，在时日渐长里，她也被锻造成一个深明事理、光明磊落的人。

在那一年的某一日，她单独约见了志摩。

薄暮黄昏下，最适宜谈情说爱，然而，她却要做个残忍的决定。她明白地、决绝地告诉志摩，他们之间不可能，他能给予的生活也不是自己想要的模样。

这之后，她希望他们不要再有情爱的交集，他们能做的是一世的好友。

二

有时，离别是为了更好的相逢。

五月二十日，泰戈尔离京赴太原，作为翻译，志摩自然随行。

只是，徽因已然不在侧相陪。临行前，徽因是同思成一起到车站为他们送别的。而这之前，徽因已经将她不久要随思成一起赴美留学的信息告知于他。

透过车窗，看着和思成在一起的徽因，志摩的心里有说不出的苦痛。想着此去经年，她再不是自己什么人，心便凉如水，忍不住写下了这样的话：

> 我真不知道我要说的是什么话。我已经好几次提起笔来想写，但是每次总是写不成篇。这两日我的头脑总是昏沉沉的，开着眼却只见大前晚模糊的凄清的月色，照着我们不愿意的车辆，迟迟的像荒野里退缩。离别！怎么的能叫人相信？我想着了就要发疯。这么多的丝，谁能割得断？我的眼前又黑了！

只是这段抵死缠绵的话语，最终也没有交到徽因的手里，那是因为被恩厚之好意地拦住了。也是，情缘已尽，又何必纠缠不休，伤了情面。

诗人泰戈尔，是对他们这对儿的感情感到可惜的，临行前，他做了一首小诗送给徽因："蔚蓝的天空／俯瞰苍翠的森林／他们中间／吹过一阵唱叹的清风。"这位浪漫的诗人，有意将天空暗喻成志摩，而那碧绿暗喻的便是徽因了。

他是多么希望他俩能相爱相守，然而却是心意枉然，他的心便存了淡淡的叹息，唯祝愿他们可以各自好好地过。

火车开动，望着徽因渐渐远了的身影，志摩终于落下了泪。

人都说，男儿有泪不轻弹，只因未到伤心处。由此可见，志摩是真的伤了心。

想爱她的过程，经历的种种，努力的种种，到最后还是未能俘获她一颗芳心；想为了她，他毅然决然地离了婚，哪怕背负了陈世美的骂名；为了她，他丢下了所有的骄傲，出入梁府，不顾身份地出现在她和思成在一起的场合。

为了爱她，依本多情的他，自此滚滚红尘中只为她依然痴痴守候。

他说过："最早写诗的那半年，生命受了一种伟大力量的感慨，什么半成熟的未成熟的意念都在指缝间散作缤纷的雨。"

他，是真的将她爱之如生命了。

灵感因她而有，文字为她而生，连他这个人到人间，都是因了她的存在。如此这样，要他如何将她忘却！

若是没有遇见，若是人生若只如初见，一切结局就会有不同。但是，世间事就是这般，有些人，有些情，有些事，绝无代替。这世间亦没有过多的若是，只要爱过，真爱过，这一世已足够，因为握着温暖的回忆过活，好过连回忆都没有。

都说，时间是最好的良药。没错，当时间荒芜、沉淀之后，当爱意已成回忆之时，徽因已成长为另一个更好的自己：明白自己要什么，不要什么；知道幸福的方向，看得清自己所要的幸福的模样。

如是，真好。

天涯相忘，各自安好

一

是年六月，徽因完成了在培华女中的学业，而思成也已然养好伤，到了去美国留学的时间。

一双璧人，由此双双相伴赴美。

七月七日，他们抵达伊萨卡康奈尔大学。徽因选了户外写生和高等代数，思成则选了水彩静物画和户外写生及三角。到了九月，他们一起结束了在康奈尔的暑期课程，双双抵达美国的宾夕法尼亚大学就读。

徽因立志要献身建筑，这是因为她在跟随父亲旅居伦敦的时候，受到了当时公寓女房东的影响。女房东是名建筑师，徽因在与她的接触中感受到了建筑艺术的魅力，从此对建筑学心向往之。思成，则是因了徽因的缘故生了此念头。

所谓默契就是这般。

而这之后的岁月，建筑亦成了他们二人毕生的理想和追求。诚如思成自己说过的：两个人相爱，已是不易。若能在一起，便是难得。假如又脾性互补，就更好。再若，脾性互补又志趣相投，那总会是成为一段佳话的。

只是，略略遗憾的是，因为要经常熬夜作图，考虑到女生的体质，当时的建筑系是不招女生的。不过，徽因还是选择了与建筑相关的美术系，并选修了建筑系的课程。

宾夕法尼亚大学，是为全美最好的三所大学之一，无论硬件环境还是学风都是极好的。

徽因是极适应这儿的生活的，她活泼的天性在独立的民主氛围中得到了释放，她如鱼得水，受到了一大票美国同学的欢迎。不过，思成与她性情的差异，也由此凸显。思成的侄女曾形容过那个时期的徽因和思成："徽因舅妈非常美丽、聪明、活泼，善于和周围人搞好关系，但又常常锋芒毕露，表现为以自我为中心。她放得开，使许多男孩子陶醉。思成舅舅相对起来比较刻板稳重，严肃而用功，但也有幽默感。"

这样的两个人，却在互补中获得了最难得的珠联璧合：一个大漠孤烟塞北又如何，一个杏花烟雨江南又如何，只要可以融洽地磨合，就可碰撞出最炙热的火花，得到最奇妙的互补。

其间，虽有快乐，亦有伤痛。这是因为，在这几年里，二人相继经历了至亲的离世。

起初，是思成的母亲李惠仙。在他们二人赴美之前，李夫人其实就已经重病在身，不过为了不牵绊儿子，直到病逝，她都未曾召儿子回到身边。未能尽孝，成了思成的痛。

次年，便是徽因的父亲林长民在战乱中遇难。当时军阀混战，发生直奉战争时林长民入了奉军郭松龄的部队做幕僚，在参与郭松龄反张作霖兵变时遇难。父亲的惨死，则成了徽因的痛。

两个人，就此成为同病相怜的人。

作为女子，徽因的情感亦是脆弱的。当她从梁启超给思成的信中得知父亲遇难时，是接受不了的，数次欲放弃留学归国。所幸，遇见思成，遇见梁启超，他们一个将她视作珍宝，一个将她视为己出，用所有的好将她的伤痛抚慰。

父亲林长民生来廉洁，死后不过留下三百余元现钱。徽因和母亲的经济来源，因此没了着落，但是爱她如己出的梁启超担起了照顾她们母女的责任。尽管梁家并不富裕，但是他仍用自己每月两千元的薪水资助徽因母女俩。

到这里，真心看到一个女子的幸福，真心关系到你遇见的是否是个好人。若不是思成，若没有思成的父亲梁启超，徽因的那段岁月会怎么样真的很难说，风花雪月不能当饭吃，日子毕竟还是充满油盐酱醋茶的烟火生活。

所以，一个女人选择一个伴侣时看的应该还是人品。

徽因和思成完成了学业。徽因获得了美术学士学位，并在建筑系兼任建筑设计课的讲师；思成则获得了宾夕法尼亚大学建筑硕士学位。当年九月，徽因和思成一起进入保罗·P.柯雷德（Paul·P. Cradle）建筑事务所实习。再后来，徽因进了耶鲁大学戏剧学院，师从 G.P. 帕克教授，成为我国第一位在国外学习舞台美术的人。

就此，徽因成长为一个羽翼丰盈的女子，一个倔强铿锵的扬眉女子。

二

徽因和思成在宾夕法尼亚大学过着忙碌而充实的日子时，志摩也有了新生活。自此，徽因和志摩的爱意纠缠有了结果——他们在阡陌红尘中已是彼此的过客，如同两片流经的云彩，各自顺着自己的人生方向飘散。

志摩在一个婉约的日子里，遇见了最婉约的女子陆小曼。

若是将他们两对恋人比较的话，徽因和思成的感情似一杯白开水，而志摩和小曼的爱情则是一杯深藏经年的红酒。然而，看过他们故事的女子，应都愿似徽因一般选择一个细水长流的爱人，因为太过浓烈的爱情总是不得长久。看陆小曼和徐志摩，即可知。

志摩初识小曼，是在泰戈尔的六十四岁诞辰那一天，只是，当时他们还是陌路人。他和徽因在台上同演一幕舞台剧，内心凄恻；而小曼此刻则是一个失意的看客。一个戏者，一个观者，自是无甚交集。然而，缘分这事儿，是有着天定或者命定的。有交集的人，无论遇到什么阻碍，都会产生交集。

能诗善画、歌舞双绝的名媛才女，定是发光炫彩的人。

他们，终在一次舞会上相遇。她的落寞，深深地让志摩心疼；志摩的失意，则得到了小曼的抚慰，如是，两个人若电光石火一般瞬间迸发了爱情。

那时的小曼，还是王庚的妻子。然而媒妁之言的婚姻，对她是桎梏。风华绝代、招摇妩媚、才情叛逆的小曼，自是受不了不解风情的王庚的，如是她有了深深的烦恼及抑郁。

于是，浪漫多情似志摩，用一颗浪漫至极的心将她俘获。他，懂她眼中的落寞，亦懂这位风情万千女子内心深处所需的热烈的焚烧。

爱，浓郁炽热的爱，便生了。尽管这爱不被世俗认可，但是仍然在艳阳光照下，生出根，发了芽。

为了和志摩在一起，小曼不顾所有人的反对与王庚离了婚，还打掉了腹中的胎儿。志摩也是。为了这段爱情，他不再顾忌任何人的反对，拼死都要和心爱的女子在一起。他，是没办法再承受一次错失吾爱的心痛了。

他们的爱情，在当时可谓波涛汹涌，惊天动地，不过还好，如同经历了九九八十一难，他们最终得以携手相伴。

如此结局，也真的好。

淡然如水的徽因，断不会似陆小曼这样敢为爱不惜一切，对于一段感情，她要的更多的是安稳。这，无关自私，抑或懦弱，最多的还是有关她的淡然性情。

是如此，天崩地裂、海枯石烂的爱情，毕竟多存活在戏、剧影视里，在现世里，用一种粉身碎骨的姿态争取一段爱情，真心使不得。毕竟，爱情如镜花水月，随着时光的流逝再浓烈也会淡如掉色的碎花布，看着让人心生厌倦。

想要的，是俗世幸福

一

黄碧云说："如果有天我们湮没在人潮之中，庸碌一生，那是因为我们没有努力要活得丰盛。"

没错。再脱俗的人生，再运筹帷幄的人生，都需要我们努力活得丰盛才会精彩。女神林徽因的人生，亦如此。在她精彩丰盈的人生里，她每一次做的决定，都是努力获得的。

那一年的十二月十八日，他们在梁启超的主持下行了订婚礼。

操持完他们的订婚仪式，梁启超不胜喜悦，提笔给他们写了一封这样的信：

……这几天为你们聘礼，我精神上非常愉快。你想从抱在怀里"小不点点"（是经过千灾百难的），一个孩子盘到成人，品性学问都还算有出息，眼看着就要缔结美满的婚姻，而且不久就要返国，回到我的怀里，如何不高兴呢？今天北京家里典礼极庄严热闹，天津也相当的小小点缀，我和弟弟妹妹们极快乐的顽了半天。想起你妈妈不能不待数年，看见今日，不免起些伤感，但她脱离尘恼，在彼岸上一定是含笑的……

婚礼只要庄严不要侈糜，衣服手饰之类，只要相当过得去便够，一切都等回家再行补办，宁可从节省点钱作旅行费。

你们由欧归国行程，我也盘算到了……

一切，都很完满。

父辈完结一桩心事的圆满，而她亦无所牵绊。

那时，志摩早已和小曼结婚，她无须承担任何愧疚，亦可和志摩就此做一生的知己。那段曾经的过往尘缘，早已如风，回忆留心底就好；灵魂就此也找到最安稳的归宿，再不必惧怕，再不会颠沛流离。

努力地生活，努力地让自己融入人间烟火，再是女神都应如此。

风花雪月、琴棋书画诗酒茶的人生，不过是幻梦，在真实的生活里，最真实的幸福是柴米油盐酱醋茶。

次年三月，二十四岁的徽因和思成在加拿大温哥华的姐姐家举行了婚礼。

这时，他们已然相恋五年。

心灵手巧、会生活的徽因，亲自为自己设计了一套东方式的结婚礼服，一套旗袍式的裙装，还设计了一套很别出心裁的头饰，冠冕似的帽子两侧，垂着长长的披纱，既有古典韵味又具有民族情调，极美。妆容，亦美。当地的媒体都争相报道，还引起了不小的轰动，甚至到了人人皆知的地步。

弟弟梁思永还撰写一副对联，予以祝福，上联是：林小姐千妆万扮始出来，下联是：梁公子一等再等终成配。横批：诚心诚意。

婚前，思成曾问过徽因："有一句话，我只问这一次，以后都不会再问，为什么是我？"徽因回答说："答案很长，我得用一生去回答你，准备好听我了吗？"

情话如此韵味特别，自是让思成将她珍藏呵护一辈子。

这真是最聪慧的回答，比"我爱你"意蕴悠长太多。

蜜月，选择的是徽因曾跟父亲走过的欧洲。首站是巴黎。初到巴黎时，徽因还小，如今已然出落成少妇，认知更是上了一个高度，那许多许多的著名建筑——从教科书上还原、放大、贴近，入了她的心。

正值明媚的春天，巴黎的浪漫情调因此更浓郁。街道上，露天的酒吧里，浪漫的人儿满处都是，年老的、年轻的，皆无视全世界地拥吻、亲密，仿佛全世界只他们两人……骨子里浪漫的徽因被感染了，她和思成的世界因此也变得浪漫多多。

她，觉得自己属于世界上幸福的那一堆人。

前方的路，因此变得风轻云淡，虽无锦绣，却是丰盈欢愉的。

二

有人说，她爱得聪明，聪明之处在于：她早早明白，嫁给一个人便是嫁给一个家庭。

也是。志摩的父亲富商徐申如如何能和学识洞明的梁启超相比。是因为，他更懂舐犊之情，更可做人生的指导。而思成的为人，更是只懂浪漫的志摩所无法匹敌的。思成宽容大度，始终懂得迁就呵护她；志摩则不然，诗人的气质注定他是善变的，梦幻不实际的。

即便小小年纪，她亦是可洞悉清澈，做出决绝的远观姿态。

事实上，也正是徽因爱得如此聪明，她才获得了一段人人皆羡的婚姻，她才得以被这段美好婚姻塑造成一个完美的女子。

生之俗世人间，许多人或许会觉得艳美如花的徽因，最应配才情浪漫的志摩，殊不知，徽因虽洁净如莲，出尘遗世，然而过往的成长经历早已将她磨砺成一个对世事认知深刻的女子。她最向往的是充满俗世烟火的幸福，那些摸不着、触不到的梦一般的浪漫之爱，太让她没有安全感。母亲的那些孤寂煎熬的独住岁月，早已如此齿痕一般烙在她的心底，令她一想起来就全身发麻，深感孤寂的冷。更何况爱情从来都是一场赌注。筹码颇丰，好的或许是一段热闹甜蜜的岁月，坏的则是长长的寂冷的一生时光。

她，赌不起，也不敢赌。

母亲的寂寞，她曾经感同身受，所以她不想再次经历。

她希望，乃至渴望的，是一段细水长流的爱情，平平淡淡的婚姻，可以一起相伴走过甘苦，可以白发苍苍时还牵手相伴。

一辈子，她是他的唯一。

思成亦将她视为珍宝。在思成的心目中，"文章是老婆的好，老婆是自己的好"。为了爱她，他竟无视他人的目光，颠覆了民国时期在文人中普遍流行的那句"文章是自己的好，老婆是人家的好"。

也是，美如仙子的徽因，是公认的女神，是可远观而不可近看的。要知道，在美国留学期间，有那么多的人高山仰止着她，却唯有他一人抱得美人归。那时有同学不无酸溜溜地说："思成能赢得她的芳心，连我们这些同学都为之自豪，要知道她的慕求者之多犹如过江之鲫，竞争可谓激烈异常。"

一辈子，他亦是她的唯一。

诚如是，和思成的婚姻生活，是她想要的，平凡、安定，若潺潺的溪流，缓缓地流经着他们的生之岁月。

她的女儿梁再冰曾说："现在的人提到林徽因，不是把她看成美女就是把她看成才女。实际上我认为她更主要的是一位非常有社会责任感的建筑学家。她和我父亲梁思成是长期的合作者，这种合作基于他们共同的理念，和他们对这个事业的献身精神。"

由此可见，他们是多么合拍和谐的一对夫妻。

蓦地，想起志摩曾写于她的那首炽热的情诗来："如果有一天我获得了你的爱，那么我飘零的生命就有了归宿，只有爱才能让我匆匆行进的脚步停下，让我在你的身边停留一小会儿吧，你知道忧伤正像锯子锯着我的灵魂。"

这样的情诗，可以融化这世间无数女人的冰封的心。然而，于徽因，她则淡定、理智、冷静地回道："我不是那种滥用感情的女子，你若真的能够爱我，就不能给我一个尴尬的位置，你必须在我与张幼仪之间做出选择。你不能对两个女人都不负责任。"

是的，冰火两重天里，她始终能够清醒内省地知道自己要的幸福是怎样的，是再多的蜜语甜言也无法攻克的。

志摩，或许到死都无法理解，看似浪漫美好的徽因怎有着如此凡俗世故的心态。其实，也无归什么凡俗，抑或世故，经历过那些寂冷岁月之后，相信谁都会冷静地选择最俗世的幸福。因为，唯有如此，才能平平淡淡地度过美好的一生。

心理学家曾这样分析过："女人往往是感情胜过理智，这是阻碍女人发展的致命弱点。"所以，是女子皆应该似徽因这般学会理智和冷静，凡事以此为前提，做一个理智处世、冷静待人的知性女子。如此，才能获得自己想要的幸福。

陪伴，才是最长情的告白

一

思成，永远不会似诗人那般浪漫多情，一提笔就妙情万千。然而，他深懂这个婉约似莲花般静美的女子内心的残缺和所需。

给她最长情的陪伴，比舌灿如花安慰她有用的多。所以，在蜜月里，他陪着她走过她曾经与父亲一起走过的地方。

巴黎，是第一站。

他陪她，去了声名远播的巴黎圣母院，这座早期的哥特式建筑的代表，给予他们视觉的惊艳以及心内的欢喜，于是，他们有了如下浪漫的对话。

思成说："这样的建筑要用心灵去体味。垂直向上的结构，表现了对崇高目标的渴望。狭窄高峻的建筑空间表达了上帝的高高在上以及人的渺小和无足轻重。"

徽因则感慨地说："有人把哥特式教堂比喻成一位祈祷的少女，少女双膝跪倒在地，双臂伸向天空，在向上苍祈祷着什么似的。"

不擅情话的思成则巧妙地应道："我觉得，她正在向上苍诉说着人生的短暂，人类是多么渴望无限和永恒。"

之后，他陪着她去了凡尔赛宫。位于法国巴黎西南郊外的凡尔赛宫，昔日曾为法王路易十三的狩猎行宫，后作为法兰西宫廷，是为西方古典主义建筑的杰出代表。

他们还去了卢浮宫。这座法国最大的王宫建筑，是世界上最古老、最大、最著名的博物馆之一，亦是举世闻名的"艺术殿堂"，收藏了无数艺术奇珍，譬如最著名的"卢浮宫三宝"：米洛斯岛的《维纳斯》、古希腊的《萨莫色雷斯的胜利女神》和达·芬奇的《蒙娜丽莎》。

最后，他还陪她到了米开朗琪罗的《挣扎的奴隶》面前，感受那悲剧性的表达，感应那雕塑带来的力量。

随后，他们离开巴黎，去往有着更多建筑之美的意大利。

他们依偎着坐在火车上，看窗外风景飞逝，看世事从身边溜过，内心却是甜蜜的。只因有一个人在这世间，成了最好的陪伴。

走出罗马车站时，正值黄昏。

夕阳下的罗马古城，美若油画一般。徽因的心，因而更加雀跃。她开始似孩童般指着一些曾和父亲逗留过的地方让思成看：这是美丽的尼亚迪斯喷泉，这是格雷教授讲过的马修斯·奥尔琉斯圆柱，这是马尔斯广场的方尖碑……

在古罗马那些令人震惊的宏伟壮丽的建筑群里，他们的心又紧密了很多，再无人可以插缝而入。

他们在圣彼得教堂里，若无数虔诚的人那般，在圣坛下的烛光摇曳里，在无数人的喃喃祈祷里，双手合十，眼含热泪地于心底默许：这一世一生他们彼此是对方的唯一。

角斗场亦是去了的，后来林徽因谈及角斗场还如是说："罗马最伟大的纪念物是角斗场，是表达文化具体精神的东西，文艺复兴以来，与以后的建筑观念中，最重要的一部分，就是建筑的纪念性。"

这世间男女的婚姻，若是恰逢的那个人能与自己志同道合，是一件多么让人惬意的事情，这样的婚姻亦是一早就有了幸福的基础的。

就如徽因和思成。

徽因的聪慧，就在于此。她太明白所谓的风花雪月，看着真的美，美如幻境，然而，幻境亦容易破，之后的狰狞亦是让人心若置入冰窟的。所以，她要的是一个可以给予自己最长情陪伴的那一个，而不是花前月下，只有诗意生活、不切实际的那一个。

孰是孰非，她最具慧眼，只需一眼，即了然于心。

话又说回来，那些在爱恨里纠结、做不到放手的女子，真当学学徽因。生活，端的不是几句情话，一副好容颜，抑或一个好家世，就可以成就的。生活，需要的是实实在在地活着。

靠自己，靠自己的一双慧眼，遇到最对的人。总之，别赖于任何人给予的想象。

二

他们两人，一路做伴，互慰寂寥地到了英国、瑞典、挪威、德国、瑞士。

看了英国的圣保罗大教堂，去了海德公园，见识了公园里的水晶宫；看了德国的圣彼得大教堂，去了爱因斯坦天文台，参观了以专门培养建造师著称的包豪斯学院；看了瑞士的阿尔卑斯山，去了山水环绕、古迹遍布的日内瓦，见到了卢梭岛上大师卢梭的铜像……

原本，他们这样相伴着还要走过更多的地方，见识更多更惊艳的建筑，然而，在西班牙，他们收到了梁翁从北京发来的电报，这使得他们对行程做了更改。

原来梁翁早就病了。早在一九二六年年初，他就在北京协和医院开刀切除了右肾，然而做了手术后，病痛却未减轻多少。由于未能查出真正病因，便血的毛病时轻时重，稍一劳累还会出现尿潴留。不过，通达的他并未被疾病打到，他还是一如既往地读书、写文章、做学问，并制定了长远的写作规划。对儿女，更是"报喜不报忧"。

这一次给思成他们二人发电报，一是为了解思念之苦，二是为了他们二人的前途。

在电报中，梁翁告诉他们，思成的工作已经确定，自己已替他接受东北大学的聘书，月薪二百六十五元，并且暑假一结束就要开始上课。他还专门说明，这是初任教员的最高薪金。他说："那边的建筑事业将来有大发展的机会，比温柔乡的清华园强多了。但现在总比不上在北京舒服，我想有志气的孩子，总应该往吃苦路上走。"

在离东北大学开学还有一个多月时，徽因和思成结束了欧洲之游，从苏联乘火车踏上了归途。

三个多月的蜜月之行，是他们第一次相伴远行，亦是他们一生中最浪漫的一次远行，更使他们永结同心、终生相伴着驰骋在建筑学的领域里。

火车一路东行，穿越西伯利亚无边无际的森林、浩瀚的湖泊、荒凉的原野，途经了鄂姆斯克、托木斯克、伊尔库茨克、贝加尔……他们最终抵达中苏边境换乘中国的火车，再一一路过哈尔滨、沈阳、大连，直到登上了一艘开往天津大沽口的日本轮船，这场漫长的旅程才算真正接近尾声。

天，已然是盛夏，空气中弥漫着浓郁的炎热，还好，突降了一场暴雨，带来了丝丝清凉。终于，在黄昏时分，他们搭上一列从天津开往北京的火车，这一路颠簸曲折的行程至此总算彻底结束。

游子归家的心意，生了。

他们终于见到了日夜思念的亲人，亦回到了让他们魂牵梦萦的北京城。

一切都是那么亲切、温暖，漫步在熟悉的大街小巷，听着柔润卷舌的北京话，看着皇家庭院里的金色和蓝色屋顶……他们才惊觉一梦幽远，原来最好的栖息地是故土。两颗漂泊的心，就此驻足在这片土地。

任风里来，云里去，他们的心都不曾沾染尘埃地欢愉着。只因，只因，这个世间他们都不再是孤单单一个人。

甘愿，做他背后的小女人

一

"执子之手，与子偕老"，应是徽因一早就笃定的，于是，在之后的岁月里，她全身心地投入到眼前这个现实生活的男子的怀中；而将诗人，只浪漫地藏在诗歌中。

他依旧如是深情地写着浪漫，与她："这一定又是你的手指，轻弹着，在这深夜，稠密的悲思；我不禁颊边泛上了红，静听着，这深夜里弦子的生动。"她则始终睿智，懂得他的意指却不做任何应和。

她说，"我懂得，但我怎能应和"。何其冷静，亦何其理智。

不是不懂得浪漫，不是不渴望浪漫，在尚好年华的年纪里，亦有浪漫汹涌，然而，她更深懂世事下的情爱最是经不得时间的考验的。所以，她在给沈从文的信中有写过这样的句子来表露她的小女子的心声：

理想的我老希望着生活有点浪漫发生。或是有个人叩下门走进来坐在我对面同我谈话，或是同我同坐在楼上炉边给我讲故事，最要紧的还是有个人要来爱我。我做着所有女孩做的梦。我所谓极端的、浪漫的或实际的都无关系，反正我的主义是要生活，没有情感的生活简直是死！……如果在"横溢情感"和"僵死麻木的无情感"中叫我来拣一个，我毫无问题要拣上面的一个，不管是为我自己或者是为别人。人活着的意义基本的是在能体验情感。能体验情感还得有智慧有思想来分别了解那情感——自己的或别人的！

是的。她亦是有着浪漫情结的人，只是在她的浪漫里融入了那少有人才具备的理智和冷静。

是年八月，她和思成终于回到了家中。

对于妙丽、端庄、优雅的徽因，梁翁自是喜爱有加，言语间全见欢喜："新娘子非常大方，又非常亲热，不解作从前旧家庭虚伪的神容，又没有新时髦的讨厌习气，和我们家的孩子像同一个模型铸出来。"

待事素来周到的梁翁，在他们回国之前，亦将他们二人的工作安置好了，虽然过程颇费了一番周折，结果还不错。

当时思成有两个选择：一个是去清华大学，一个是去东北大学。然而关于增设建筑图案讲座让思成任教这事儿，清华大学的校长是无法擅自做主的，需要学校评议会投票才成。所以，去清华大学是个悬而未决的事情。

东北大学就不同了，对于思成的任教是热忱殷切的。因为东北大学当时正在创办中国第一个建筑系，邀请同是毕业于宾夕法尼亚大学的杨延宝任系主任，不巧的是，在此之前，杨延宝已经接受一家公司的聘请，因而便向东北大学推荐了学弟梁思成。

当时，思成还没回国，梁翁再三权衡，心里有了选择，加之怕机会不易，于是做了决定，替思成接受了东北大学的聘请。思成因而只在北平稍作停留，就马不停蹄地奔赴沈阳筹组东北大学建筑系。

本来应该夫唱妇随，但徽因看望母亲心切，便先赶往福州看望母亲。在父亲去世后，母亲就回了福州老家。待到暑假结束，徽因便迫不及待地携着母亲一起到了沈阳，与思成会合。

由于新创办的建筑系师资紧缺，徽因便任了教授，讲授雕饰史和建筑设计。

两个优秀的人儿就这样因着爱好相同有了最美好的夫唱妇随的陪伴。真好。试想，情感再好的两个人，若是有了离分，都会渐渐生分乃至生出隔阂的。好的婚姻，亦少不了两个人的朝夕相伴、包容、爱慕及呵护。

聪明的徽因，洞晓这一道理，因而无怨地选择做他身边最温柔的小女人。

也是，最好的爱情，抑或婚姻，都是菜在筐里、你在后座上的亦步亦趋；爱恋里最好的时光，则是你温暖我，我温暖着你的阳光绚烂，一如朱生豪对宋清如说的情话："我一天一天明白你的平凡，同时却一天一天愈更深切爱你。"

诚然。女神也好，男神也罢，总是要食人间烟火的，总是会被生活磨砺的，褪去华丽的外表，内里定也有颗凡人的心，若那个他或者她依然爱慕你如初，那么，你们的婚姻便是围城最好的模样了。

逢着思成的徽因，恰巧幸运，得思成这样一个始终待她如初的良人。

真真是好。

二

是的。

女神的光环，只不过是世人赋予给她的。骨子里，她始终活得平凡淡泊，吃五谷杂粮，食人间烟火，过居家的小日子。

曾经，她给沈从文如是写道："我是女人，当然立刻变成纯净的'糟糠'的典型……"

洗手做羹汤，于她，亦是可以胜任的。

出得厅堂入得厨房，是对她风华绝代最好的诠释。尽管她对事业抱有强烈的热忱，不喜欢因家务活浪费自己有限的时间。然而，这并不代表她不会做家务，说实在的，她做起家务来真心是有条不紊的。

作为家中的大姐，加之是梁家的长媳，自得有主事的样子。当然，她确实做得很好，无论是亲戚间的走动，还是对客人的接待，抑或家族成员之间的关系的处理，她都做得很到位。据说，她曾经画过一张令人赞不绝口的床铺图，共可安排17张床铺，并且对每张床铺有着明确的安排。如此精细的安排，真心不是平常女子可以做到的。

最难能可贵的是，她并不是只懂油盐的无趣妇人，且是一个情调亦满的人。

在和思成一起工作的时候，每次她都是只画出一张草图就故意歇了，而在思成费尽心思地将草图加工完成的过程中，她就像个顽皮的小女孩一样冒出来哄逗他，有时还故意拿一些好吃的东西来讨好思成。如此让思成心生无限欢喜。

真心是个会生活的聪明女子呀。

婚姻里的女子，若要做个日日皆新的人，必须有自己的事业，譬如徽因。她虽然生活在风花雪月里，却从不让自己活成一个风花雪月般的女子，而是独立着、自主着，将更多的热情投注在她钟爱的学术和艺术事业上。换做现代的女性，她是活得最漂亮的那种。

她，秉承着一份独有的生活方式，不崇拜物质，亦不迷恋精神，有着自己独具一格的幸福观，总能让幸福伴着自己左右，绝不偏离自己的生活轨迹，即便因此需要承受来自痛苦的煎熬，也绝不做出越出底线的事情。

她，太懂得任何一桩情缘皆有宿命，更懂得任何一种生活方式皆有其不可逆转的规则。如是，她不纠结，不沉溺，不放纵，而是自律地、认真地、从容地过自己想要的生活。

人生，最难得的就是从容，做到随遇而安的人更是少之又少。

这样的高度，世间女子少有能做到的，更何况女神级别的女子。

一切，皆性情所致吧！

张爱玲说过，中国女人善低头，善于装没用，但林徽因却是一个扬眉女子，她做什么都是那么理直气壮，那么全力以赴。

诚然如此，她素来都是理直气壮的，比如理直气壮地写诗，理直气壮地研究建筑，理直气壮地办沙龙，理直气壮地告诉丈夫她爱上了另外一个男人。她活着，诠释的皆是理直气壮，结实而纯粹、不妥协。

唯有如此活着，她才觉得自己活得值得。

或许，这就是她的魅力所在吧。以至于让一世纪之后的我们还高山仰止，视其为榜样。

修行，
是女神在爱里都如此

即使生活不尽如人意，
也要优雅地活下去。
这一点，徽因诠释得最好。
这亦是徽因一直保持热忱的信念。

像植物般静美地生长

一

有人说，人的一生不过是午后至黄昏的距离，月上柳梢，茶凉言尽，一切都可以落幕。

是的。人生而短暂，亦寂寞，如何让自己活得美好是个永恒的命题。诗人王维曾写道："行至水穷处，坐看云起时。"描述的应是人生最佳之形态。

心无所怨，心亦无所忧，更无所惧，悠然纯粹，应是世间所有人皆向往之的。若一株植物生长于这人世间，安静而美好，孤独而骄傲。多好。

徽因，应是一早就将此悠然纯粹之心境熟稔于心的。

如是，她将自己活成一朵洁净的白莲的样子，绽放在清凉的初夏时节。不愿让世人看到自己的柔弱，所以努力让自己坚强，让自己行走在人间只展现最非同凡响的美丽。

话说，彼时的东北大学建筑系因系初办，所以只有他们夫妇二人任教。作为女子，她竟巾帼不让须眉，展现了自己最具吸引的魅力。

她，用英美式的教学方法授课，受到无数学生的欢迎。亦因知识渊博、口才一流，尽管时有犀利，然而学生们感应的却只有温柔。只因，这个小小的娇弱的身躯里，藏匿着无限的铿锵的力量，令人钦赞、仰慕。

沈阳亦美，古建筑颇多，什么清代的皇室陵寝，什么故宫，皆成了徽因实地授课的好去处。此外，她和思成还常常一起，一处接一处地考察。那段时日，平静而快乐。

许久以来，人们向往单纯简洁的生活，于是尝试着改变自己，去繁减多，只为获得一份安静和纯粹，是如一种修篱种菊的淡然归真。那时的徽因恰恰拥有这些，如同一株植物静美地生长。

徽因，亦是美的。精致的五官，加之永远荡漾着的笑靥，以及那典雅的着装，让她始终在人群里艳绝着。然而，她绝对不是空有一脸的美，那种美，是花瓶，美得木讷。徽因的美，是灵动的，鲜活的，独具一格的，艳惊四座的，这是因为她拥有着绝顶的智慧。

由此，她的美始终是绽放着的。

这样的徽因，在思成的眼里成了女神。

其实，徽因的美，何尝只入了思成的眼呢，其实，在当时无数男子的眼中，徽因的美都是不可抵抗的——她是女神，真正的女神，还是不可亵渎的。

可是，有谁知道，这美丽背后的代价是什么。

想滚滚红尘之中，一个美丽的女子若要拥有独立的自我，该是一件多么不容易的事情，更何况还是在男尊女卑之风依然浓厚的民国。然而，她，徽因，不仅拥有一个独立的自我，凭借着智慧，她还在如花美好地绽放着。真真是一个奇迹。

不过，若是看了她写过的《莲灯》，便一切了然。

她在《莲灯》中，如是写道：

如果我的心是一朵莲花，

正中擎出一支点亮的蜡，

荧荧虽则单是那一剪光，

我也要它骄傲的捧出辉煌；

不怕它只是我个人的莲灯，

照不见前后崎岖的人生——

浮沉它依附着人海的浪涛
明暗自成了它内心的秘奥。
单是那光一闪花一朵——
像一叶轻舸驶出了江河——
宛转它飘随命运的波涌
等候那阵阵风向远处推送。
算做一次过客在宇宙里，
认识这玲珑的生从容的死，
这飘忽的途程也就是个——
也就是个美丽美丽的梦。

是的，这个傲然心性的女子，自是有一身男儿的傲骨，所以，她才可以活得这般静美，令人给予无数赞誉。

也是，对于女子而言，美丽从来都不只来自漂亮的容颜，最令人心仪的仍是那份独我的内在气质，譬如冷静清醒的爱玲，譬如文采飞扬的苏青，皆是百年来令人高山仰止的魅力女子。

徽因，亦如是。

她，始终活得美丽，智慧着、灵性着、优雅着，是她始终的姿态。

二

在那个乱世，工作中的女性真的令人钦佩。

初到东北大学的建筑系，一切都是从头来过。没有合适的教材，她和思成又不愿照搬欧美的课程，而要在教学中把建筑学、美学、历史、绘画史等相关科学的知识融会贯通到教学课程中，势必要具备大量的知识。

这样的工作，自然做得辛苦。

然而，最难对付的还是当时的东北乱局。外有日本人的虎视眈眈，内有各路土匪的昼伏夜出，这不太平的时局真真让人心神不宁。徽因后来曾对友人谈及那时的生活状态："当时东北时局不太稳定，各派势力在争夺地盘。一到晚上经常有土匪出现——当地人称为胡子。他们多半从北部牧区下来。这种时候我们都不敢开灯，听着他们的马队在屋外奔驰而过，那气氛真是紧张。有时我们隔着窗子往外偷看，月光下的胡子们骑着骏马，披着红色的斗篷，奔驰而过，倒也十分罗曼蒂克。"

在那个缺乏罗曼蒂克的时代，她依然很具有发现美好的眼光。

对于当时还不知道建筑是怎么一回事儿，就稀里糊涂报考了建筑系的学生们而言，上林先生的课是一种艺术的享受。他们跟随着她，穿行在古今中外的艺术历史长廊里流连不已，书画、雕塑、音乐、语言、佛教哲学、工程技术……无所不含。与其说学生们接受的是知识和学问，倒不如说他们接受的是难得的文化艺术的感染和熏陶。而这种感染及熏陶，一如"润物细无声"的春雨，点点滴滴地渗透了他们年轻而易感的心灵。

除了爱上林先生的课，学生们也很喜欢梁先生。对于梁先生的深厚学识，他们更多的是折服。在讲述世界各地不同时代的经典建筑时，梁先生总可以从形象入手，帮助学生们准确地掌握其特征。比如，在讲欧洲中世纪的建筑时，黑板上便逐步地出现了扶壁、飞扶壁，拉长了柱子，调整了比例，有了筋肋和各种装饰，小水塔、吐水兽……呈现出的是一幅完整的、准确的建筑物的剖面图，并且从结构的比例到细节的装饰，皆惟妙惟肖。

这样一对优秀的学识颇深的璧人，成了学生们绝对的偶像。私下里，学生们常常感叹，梁先生和林先生也不过是二十几岁的人，并不比自己年长多少，然而他们的人品、学问，却是让他们众人心向往之，仰之弥高。

对于这群可爱的学生，林先生和梁先生亦是喜爱的。尤其是梁先生，他希望学生们在他的带领下皆成为建筑界的精英，亦想着在系里给大家配备一个建筑实验室，好让学生有一个真正实践的场所。

然而，当他们快要熬过沈阳难挨的冬天，事业也渐进佳境时，一封电报打破了平静——原来是父亲梁启超病重入院，有生命危险。

其实，在前些天他们就收到过父亲的一封来信。当时他们就发现信上的毛笔小楷较往常有些潦草，并且在信中提及了他鲜少提及过的病况：

——这回上协和医院一个大当。他只管医痔，不顾及身体的全部，每天两杯泻油，足足灌了十天，把胃口弄倒了。也是我自己不好，因胃口不开，想吃些异味炒饭、腊味饭，乱吃了几顿，弄得肠胃一塌糊涂，以致发烧连日不止。人是瘦得不像样子，精神也很委顿……

读这封信的时候，他们二人的心就悬着了。因为，若非到了难受到无法忍受的地步，父亲是绝不会轻易吐露自己的病情的，他可是从来不爱抱怨叫苦的人。当时，他们虽然难过至极，然而却未曾想过这将是父亲留给他们的最后一封信。

这两年来，父亲进出协和医院早已成了平常事。事实上，这次住院开始也是无异常的。住院后，虽然发烧不止，他依旧自恃体质强健，强撑着在病床上赶写《辛稼轩年谱》。他亦未曾想到自己的大限之期即将到来。

当思成和徽因赶回到他身边时，他尚神志清醒。望着这两个自己钟爱的孩子，他虽然口不能言，但面有悦色。

次年一月，病重的梁翁溘然长逝，享年五十七岁。一生著述一千多万字的他，临终却没有留下一句遗言。

是年，伤痛不已的徽因已身怀六甲，却仍旧悉心料理着梁翁的丧事。她，是唯恐旁人不能做到周全，凡事必定亲力亲为才可放心。她和思成还一起为梁翁设计了墓碑。

也是。梁翁之于她，是犹如生身之父的恩重如山。

她，素来知恩图报，更何况他还是自己的公公。

只是，只是，如今，他去了，这世间，除了母亲和丈夫，她再无可依之人了。

做一个淡淡的女子

一

料理完梁翁后事，徽因和思成又回到了沈阳。

已然身怀六甲的徽因仍负累工作。她，是个坚韧的女子，凡事都不想落于人后。也就是在那段时间里，她设计了东北大学的校徽图案——白山黑水。这是张学良以奖金的形式征集的图案，她的设计一亮相即被选中。她的事业因此被推向了另一种极致。

是年夏日，建筑系终于迎来了三名教职员，他们分别是陈植、童隽和蔡方荫，他们都是宾夕法尼亚大学的优秀毕业生。如此一来，他们夫妻二人的重担得以分解，也算是美事一桩。不过，更让他们欢喜的是，同年八月，他们可爱的女儿出生。他们为这个小小的孩儿起名"再冰"，意为纪念其已故祖父梁启超的书房"饮冰室"的雅号。

岁月，就此趋于静好的模样。

一个平实的男子，一个可爱的孩童，生活里再不见惊涛骇浪，一切都如水无波纹般平静美好。这样的幸福，是她想要的。

她，终于过上了从小就渴望的生活。

她，亦更笃定自己当年的选择是正确的。她始终要的是一种淡淡的意味，不浮不躁，不争不抢，不去计较浮华之事，不强求任何，淡然地过自己想要的生活。

真好。

虽不轰轰烈烈，但却可安安心心。

都说"女子成母，是新生"。这话一点不假，做了母亲的徽因，也是如此。只是东北寒冷干燥的天气让她越来越无法在这待下去。一来是身子弱，二来是常与吸烟的男子一起工作，她不幸感染了肺结核。不得已，她停止了工作，于一九三〇年的冬天在思成的陪伴下回到北平，定居静养。

最初，他们在思成的大姐家短暂借住，后来搬入赫赫有名的有胡适、傅斯年、陈垣等居住的东城米粮胡同。不过，他们在这里也没住多久就再次搬家，搬到北总布胡同三号院（后改成北总布胡同二十四号院）。

在这里，他们享受到了鸟语花香。

徽因，以一个生活家的角色将这儿装饰了一番，使这里别有韵味。这是一套二进院落的四合院，拢共四十余间房，里院与外院之间隔着垂花门，院里栽种了丁香、海棠、马缨花。徽因将窗户换上自己亲自设计的木格窗棂，窗纸皆换成透光的玻璃。客厅里挂着梁启超手书的条幅，上书"清水出芙蓉，天然去雕饰；白鸥没浩荡，万里谁能驯"四句。

如此，家中的这一佳美景致，也只可出自一个无欲无求的淡淡的女子之手的。

二

回到北京的林徽因和徐志摩，开始有了新的交往。

在此之前，数年未见的两人仅仅在梁启超病重，徐志摩前来探望之时见过一次。之后，徽因依旧回到沈阳，距离就此隔断了许多交情。

此次重聚，虽时隔甚久，然在志摩的眼中，徽因依旧是心中的女神。不过，时过境迁，人世早已有了另外的模样——徽因已是人母，而他志摩也已再婚。所以，二人的交往有了情感之外的升华，早已不再局限于浊世的男欢女爱的诉求上，而是一种知己，一种相伴相知。

志摩，由此成了总布胡同三号院的常客，更令人欢喜的是，他与思成相处亦好。但恼人的是，徽因的肺病日趋严重。最后，协和医院的大夫严禁她再为事业劳心，建议她到山上静养一段时间。于是，一九三一年三月，徽因到香山的双清别墅养病。那一年，她才二十七岁。

山上景色怡人，每一处皆自有其美丽和灵性，徽因突然看见了生活静好的样子。那沉寂心灵深处的浪漫情怀，突然就被激发出来，犹如一朵花开，一处清风吹来，她即时见风、见草、见木、见花……皆有了柔情万千的思绪。如是，在静心养病的那段日子里，徽因开始重拾往日情怀，捧起搁置太久的文学著作，并在夜阑之时独自伏案写作。

也就是在这段时日里，我们的女神创作了无数口碑皆佳的诗歌和小说，并将其刊登发表。

那时的她，亦是静美无比的。

她，喜欢穿一袭白睡袍，焚一炷香，在桌上放置着插有几支鲜花的花瓶，然后于窗明几净里低眉写字。淡淡的，却美丽不可方物。

曾经，她调皮地对思成说："看到我这样子，任何男人都会晕倒。"思成则顽皮地气她道："我就没有晕倒。"其实不然的，对于思成而言，徽因的魅力是无法抵挡的，他甚至觉得徽因的美对自己始终是个威胁。在浪漫上他确实有点木头，他亦不会用优美的文字来表达徽因在自己心中的地位，然而，他会借用别他的诗意来表达，比如昆曲里的那句唱词：则为你如花美眷，似水流年……

对于一个女子而言，得一如此窝心暖男亦是足够。

在那段时间，徽因亦是不寂寞的，因为时常有朋友会来探视她，比如沈从文、金岳霖、韩湘眉等文坛大家及一些社会名流。不过，来的最多的还数志摩。那时，小曼已经开始了每日挥霍、喝酒跳舞的晦暗日子，尽管他们还是相爱的，然而争吵却日渐增多。他时常会觉得累，也只有到女神徽因的跟前，才可以洗涤自己那惆怅万千的灵魂。

徽因，喜欢这样的聚。

三五知己相聚，煮茗夜话，这是多么令人艳羡的闲逸时光。

因为心情好，她的笔端就此生烟霞，创作了无数经典作品。漫山遍野的风景，三五好友的相聚，还有与徐志摩的切磋，皆成了她灵感的源泉。

三

那一年，徽因用如流水的笔触写下了无数美丽的诗歌。

志摩，每每来都会与她一起探讨文字，诉说心情，他们之间的情感早已超越单纯的爱情，似友情，亦似亲情。志摩亦曾说过，也只有和徽因在一起才可以让自己的灵魂真正释放。

他和小曼的感情裂痕愈来愈深，但对于任性的小曼，他依然还是容忍地宠爱着；然而，在看到静美如初的徽因时，他的心里还是会生出委屈。尽管徽因永远没有小曼的妖媚妖娆，但是却可在任何时候都能抚平他那颗躁动的心。所以，在懊恼时，他会恨恨地对徽因抱怨道："看来，我这一生不再有幸福了！"徽因，总是用无比温和的口吻安慰他。她，是自始至终都希望他能够幸福。

对于志摩，事实上，他无论爱上了哪个女子，在他的内心深处，唯有她是那尊永远静美丰盈的女神，永不可摧。因为她始终是自己在这一世的唯一的红颜知己，没人可以替代。

对于徽因，志摩又何尝不是？且看她写下的《那一晚》，就可窥见她心底的隐秘。

那一晚我的船推出了河心，
澄蓝的天上照着密密的星。

那一晚两岸里闪映着灯光；
你眼里闪着泪，我心里着了慌。
那一晚你的手牵着我的手，
迷惘的星夜封锁起重愁。
那一晚你和我分定了方向，
两人各认取个生活的模样。

到如今我的船仍然在海面飘，
细弱的桅杆常在风涛里摇。
到如今太阳只在我背后徘徊
层层的阴影留守在我周围。
到如今我还记着那一晚的天
星光、眼泪、白茫茫的江边！
到如今我还想念你岸上的耕种：
红花儿黄花儿朵朵的生动。

那一天我希望要走到了顶层，
蜜一般酿出那记忆的滋润。
那一天我要跨上带羽翼的箭，
望着你花园里射一个满弦。
那一天你要听到鸟般的歌唱，
那便是我静候着你的赞赏。

那一天你要看到零乱的花影，

那便是我私闯入当年的边境！

是如此。

在岁月的消磨里，她的诗意曾被一点点地消磨，她自己亦以为红尘中的烟火会成为生活的全部，再多的诗情画意终成一梦。只是，未曾料到的是，再遇志摩，她骨子里的浪漫和才情就如同小鹿乱撞一般，汹涌地要跳出来。

就是这样的互相影响，使得他们之间的情愫界限模糊不清，似情人，是朋友，亦是亲人。

有人说，像他们这般的感情，一生只有一次，也仅仅只要一次。

所以，尽管他们各自有了自己的生活，爱着各自所爱的人，但心底都为彼此烙印了一个痕迹。

她，曾因为他美丽绽放过，自此以后，无论以怎样的姿态生活，皆将无悔；而他，亦如此，在他生命里，她曾是那样静美，丰盈了他的世界，他因此得以那样清澈地爱过，如此真的足矣。

这，便是时间给予的最好安排吧！

修炼成一个最好的自己

一

一九三一年九月下旬，徽因结束了在香山疗养的日子，回到城中，到了北总布胡同二十四号院。

北总布胡同二十四号院，是一座典型的北京四合院，极美。这里有垂花门廊，有方砖铺就的地面，院子里还有着石榴树、槐树以及海棠花和马缨花。

在这个充满诗意情怀的庭院里，徽因和思成一起开始了营造学社的工作。事实上，在留美期间，他们俩就立志以中国建筑发展史为研究方向，尤其是思成。

这项工作之所以艰难，是因为在中国，建筑历来被认为只是一门手艺而已，所有的传承都是由工匠师徒口口相传，鲜少留下文字记载。而关于建筑技术方面的，几千年来，有书籍资料可查的不过两部，一部是宋代李诫的《营造法式》，另一部是清代的《工程做法则例》。然而，让人苦恼的是，这些书籍由于年代久远，尤其是《营造法式》中的许多建筑术语让人不知所云。所以，很多难题需要他们在实践中一点一滴地解决。

这对于思成还好，但对于大病初愈的徽因，确实是一项至为艰巨的工作。

但坚韧若她，却将困难一一克服，并且还乐在其中、流连忘返。这样的精神，也是让无数男子对她钦佩、仰慕不已的缘由之一吧。比如，大师金岳霖。

说起金岳霖和徽因的初识，不得不提到徐志摩。时间要追溯到一九三一年。那年，金岳霖在好友志摩的引荐下，敲开了北总布胡同二十四号院的门，见到了名动京城的民国"四大美女"之一、张幼仪口中所谓的"思想更复杂、长相更漂亮、双脚完全自由的女士"、徐志摩为之如痴如醉的人物——林徽因。

甫一见面，他即被这个秀外慧中、多才多艺，既秉持大家闺秀的风度，又具有不同于中国传统女性的独立精神和现代气质的女子所吸引。当下，他就决定搬到他们家的后罩房，即北总布胡同12号。就此，他开始了长达十余年的"逐林而居"的生活。

是年，徽因的好友、著名美籍华人学者费正清的妻子、当时同样住在总布胡同的费慰梅如是写过："徐志摩的朋友、大家都叫他'老金'的哲学家金岳霖，实际上是梁家一个后加入的成员，就住在隔壁一座小房子里。梁氏夫妇的起居室有一扇小门，经由'老金'的小院子通向他的房子。通过这扇门，他常常被找来参加梁氏夫妇的聚会。到星期六的下午老金在家里和老朋友们在一起的时候，流向就倒过来了。在这种时候，梁氏夫妇就穿过他的小院子，进入他的内室，和客人混在一起，这些人也都是他们的密友。"

是的，那时的徽因因为写得一手好文章，在北京的文化圈很是闻名，于是以她为中心，聚集了一大批当时中国的第一流的文化学者，比如胡适、徐志摩、沈从文、朱光潜、叶公超，以及社会学家陶孟和、考古学家李济、政治学家张奚若、经济学家陈岱孙、物理学家周培源等。他们经常聚在一起谈文论艺。这个所谓的聚会，也就是冰心曾用文字记载过的《我们太太的客厅》。因此，后人也将这个家庭文化沙龙称为"太太的客厅"。

然而，我们知道这个客厅绝非一般意义上的太太的客厅，更非一般社交场合中的应酬场所。这是一个漂亮的、热情的女人的客厅，人们来这里绝对是被徽因吸引，但他们绝非是因为徽因的漂亮，而是因其优秀和热心。

知识渊博、思想独特、个性特别、语言幽默，是其最大的吸引力。

落落大方的徽因，绝没有一般女人的虚伪神容，她更人性化，更能够理解人。这即她最大的人格魅力。所以，在她的客厅里，每周都会集聚一大批优秀人士。

这个沙龙虽以男士为主，不过也有女士参与——她们大多是陪着丈夫一起来的。这些女士，前提是别小心眼儿，别起所谓的嫉妒之心，就可以成为徽因的朋友。

所以说，太太的客厅，不是徽因的交际客厅，而是基于她性情魅力的一种吸引，是一班知识分子为了谈文论艺的好去处。

二

客厅里的这些客人，其实都是关心徽因和思成的朋友。

最初，他们与志摩一样时不时地到香山探望徽因的病情，后来徽因回到北总布胡同二十四号院的家中后，他们照常到其家中坐坐，久而久之就形成一个聚会。

这绝对是一群饱学之士，他们学贯中西，多才多艺。他们虽然有着各自的专业方向，然而又有着共同的理想追求，后来的后来便都成了中国第一流的学者、专家。他们独立于腐败的政权之外，以天下为己任、关心国家大事、怀抱一腔爱国热血，具有良知和责任。他们的目标是教育救国，通过奉献知识，传播现代思想，改造未来国民，达到将中国带入现代文明社会的目的。

试想，能让这些优秀人士聚集在一起的人，若非有着非凡的魅力，是绝对办不到的。

诚如费慰梅所写的："徽因的朝南的充满阳光的起居室常常也像老金的星期六'家常聚会'那样挤满了人，而来的人们又是各式各样的。除了跑来跑去的孩子和仆人们外，还有各个不同年龄的亲戚。有几个当时在上大学的梁家侄女，爱把她们的同学们带到这个充满生气的家里来。她们在这里常常会遇见一些诗人和作家，他们是作为徽因已出版的作品的崇拜者而来的，常常由于有她在场的魅力而再来。"

亦如萧乾所说："她话讲得又多又快又兴奋。徽因总是滔滔不绝地讲着，总是她一个人在说，她不是在应酬客人，而是在宣讲，宣讲自己的思想和独特见解，那个女人敢于设堂开讲，这在中国还是头一遭，因此许多人或羡慕，或嫉妒，或看不惯，或窃窃私语。"

能聚集如此优秀人士的徽因，确实魅力非凡。

曾有人如是总结：为什么会有越来越多的朋友聚在林徽因的周围，一方面是因为她美丽可爱、活泼动人、直率、真挚，但更重要的是她有宽广的胸怀，对人性有透彻的了解，对情感多有包涵，对事物有独特的见解。还因为她心性极高，悟性极好，见多识广，她比别人更具理解力。她不仅能够理解自己了解的情感和事物，也能理解自己所不了解的情感和事物。当朋友需要她解决问题时，她有能力给予帮助。当沈从文因为感情纠葛烦恼时，她能说出真诚而惊世骇俗的一番言论来，她既敢作敢为，也敢说真话。

如是种种，费正清说得最好："她是有创造才华的作家、诗人。是一个具有丰富的审美能力和广博的智力活动兴趣的妇女，而且她交际起来又洋溢着迷人的魅力。在这个家，或者她所在的任何场合，所有在场的人总是全都围绕着她转。她穿一身合体的旗袍，既朴素又高雅，自从结婚以后，她就这样打扮。质量上好、做工精细的旗袍穿在她均匀高挑的身上，别有一番韵味，东方美的闲雅、端庄、轻巧、魔力全在里头了。"

试想，如是的聚会有了这样貌美才多的女子，怎会不舒心有趣，让人神往呢？

因而，当大家散去之后，她的音容、表情，尤其是观点、见解仍会深刻地留在大家的心中，下一次他们又会不约而同地被她的魅力和见解吸引而来。这样的聚会，因此成了他们心中的精神食粮，成了不可错过的生活方式。因为，去她的客厅聊天，意味着单调生活的中断，有新的鲜活的力量和激情得以注入，由是，生活的点点滴滴都变得让人回味无穷。

亦如此，徽因这个具有激情、才华、创造力的女子，在那时讲究四平八稳的传统社会中，犹如一颗夜空中闪亮的星，照亮了他人，成为让人高山仰止的愉悦幻想。

三

事实上，她自己就是努力将自己活成一个让人景仰的样子。

在客人走后的一周中，她或趴在画板前画图，或在桌前写诗，或写作建筑学论文，或为外出考察查阅典籍，等到周末，她便把自己一周的趣闻、生活经历、工作情况、思考所得、阅读书籍的内容和感受一一讲给朋友们听。

她，是绝对不允许自己把时间浪费在无聊的事情上的，也不会因为需要抚养儿女、支持丈夫、操持家务而放弃自己的专业或追求。实则，她自始至终都没有忘记自己心灵的追求，也没有向来自社会、他人的舆论屈服过，放弃自己想要的生活方式。

自始至终，她用行动证明着生活的真谛：生活不应只是为了让周遭的人对自己满意而已，这世上只有一种成功，那就是以自己喜欢的方式过一生。所以，当别的女人身不由己地接受传统思想的熏陶，束缚自己的灵魂；当别的女人心甘情愿地接受社会现实的安排，安于在家相夫教子时，她却能有意识地挣脱男权社会安排给女人的命运和角色。

她深知，生活的美好不在于避开车马喧嚣，而是在心中修篱种菊。诚如她所说："我认定了生活本身原质是矛盾的，我只要生活；体验到极端的愉快，灵质的，透明的，美丽的近于神话理想的快活。""我的主义是要生活，没有情感的生活简直是死。生活必须体验丰富的情感，把自己变成丰富，宽大能优容，能了解，能同情种种'人性'。"

尽管她没有把更多的时间给予可爱的孩子们，但是，她将最珍贵的平等的友谊和尊重给予了他们，给予了他们最自然的爱。

正如此，她可以和中国最优秀的男子高谈阔论，她得以遍踏祖国的山山水水，可以在全世界的名胜古迹里流连忘返，可以奋笔疾书留下无数曼妙的文章。正如此，她才成了当时最杰出的女性，成为男士理想中的女神，成为万千民众的偶像。

由此可见，做自己，做最好的自己，才是一个女子获得万千钦慕的最重要的因素。

永远充满无限热忱

一

曾经亲身聆听过徽因的"客厅宣言"的人，皆被其"知性、睿智和母性的温情"所折服，无论老少，无论男女，皆那么仰慕她，视她为至交、知音、偶像。

诚然，做一个能言善辩、聪慧优雅、偶像级别的女子，势必要做一个独立、始终饱满、充满无限热忱的人。

身为"太太的客厅"的女主人，徽因不仅拥有独有的优雅谈吐，还具备独有的机智迷人的辩论能力，如此完全自我的魅力才使她就此成为这个舞台上不折不扣的中心人物。

林洙在《梁思成、林徽因与我》一书中曾无比精妙地对此给予了这样的呈现：梁家每天四点半开始喝茶，林先生自然是茶会的中心，梁先生说话不多，他总是注意地听着，偶尔插一句话，语言简洁、生动、诙谐。林先生则不管谈论什么都能引人入胜，语言生动活泼。她还常常模仿一些朋友们说话，学得惟妙惟肖。她曾学朱畅中先生向学生自我介绍说："我（é）知唱中（朱畅中）。"引起哄堂大笑。有一次她向陈岱孙先生介绍我说："这个姑娘老家福州，来自上海，我一直弄不清她是福州姑娘，还是上海小姐。"接着她学昆明话说："严来特使银南人！"（原来她是云南人！）逗得我们都笑了。

可见，徽因在"客厅"里的独有魅力是多么具备吸引力，这样的魅力亦使到场的每一位获得了空前的放松和释怀，尤其是在那样的灰色岁月中，这种轻松风趣的谈吐是多么的难能可贵。

林洙亦说："她是那么渊博，不论谈论什么都有丰富的内容和自己独特的见解。一天林先生谈起苗族的服装艺术，从苗族的挑花图案，谈到建筑的装饰花纹。她又介绍我国古代盛行的卷草花纹的产生、流传；指出中国的卷草花纹来源于印度，而印度的卷草花纹来源于亚历山大东征。她指着沙发上的那几块挑花土布说，这是她用高价向一位苗族姑娘买来的，那原来是要做在嫁衣上的一对袖头和裤脚。她忽然眼睛一亮，指着靠在沙发上的梁公说：'你看思成，他正躺在苗族姑娘的裤脚上。'我不禁噗哧一笑。"

徽因，最大的魅力还在于她始终保有超高的热忱，是一个制造话题的高手。这一点，从那些亲自参加"太太的客厅"的人那里可以得到最好的证明。且看费慰梅在回忆录中写的："其他老朋友会记得她是怎样滔滔不绝地垄断了整个谈话。她的健谈是人所共知的……她的谈话同她的著作一样充满了创造性。话题从诙谐的轶事到敏锐的分析，从明智的忠告到突发的愤怒，从发狂的热情到深刻的蔑视……她总是聚会的中心人物，当她侃侃而谈的时候，爱慕者总是为她那天马行空般的灵感中所迸发出的精辟警语而倾倒。"

诚然，在"太太的客厅"里，徽因一直是唯一的女主角，丈夫思成亦是她忠诚的聆听者。曾经，思成打趣她道："你一讲起来，谁还能插得上嘴？"徽因则微嗔道："你插不上嘴，就请为客人倒茶吧！"

好温馨的画面。

高谈阔论之后，徽因还会自发地鼓动大家兴致勃勃地演戏，比如用英文对念莎士比亚或萧伯纳的台词，或背诵济慈、勃朗宁、雪莱等大诗人的诗句。总之，她总能够以最大的热忱调动起大家的积极性。

也是，要似徽因这样，真心不能够空有一肚子诗书，还要有别人所不具备的丰富见闻以及丰富多彩的生活，最重要的还是要对生活始终抱有超高的热忱，能够发现、承受别人所不能够的东西，这才永远有故事可讲，有话题可言，并且永远保有新鲜的高度，如此，才能始终作为一个制造话题的高手而存在。

并不是所有的人都有能力掌握话题的主动权，即便你再热忱万千，若非有拿得出手的真本事，总还是不行的。

说实在的，这真真是一个人自备的魅力，靠多年的修为才能得来，并非一朝一夕就能做到。

话说，徽因之所以能掌握话题的主动权，绝对不是她的言词有多么厉害，也不是她的口才有多么好，而真真是她本身就具备非凡的魅力，是经年修为而来的。

曾有人问过前美国驻意大利大使理查·华须本·乔尔德：成为一位意趣无穷的作家的成功窍门在哪里？他回答说："我非常热爱生命，因而无法静下来不动，只是觉得必须告诉人们这点而已。"

是如此，若想成为一个优秀的人，必然是热爱生命的，必然是怀揣着无限多的热忱度过每一天、每一秒的，能够无比敏锐地感应世间万物的美好。

二

即使生活不尽如人意，也要优雅地活下去。

这一点，徽因诠释得最好。这亦是徽因一直保持热忱的信念。想她一生中的很多时光都是在病痛中度过的，然而无论和她多亲密无间的人都很少意识到她身体的不适。事实上，她也刻意地不让人意识到这一点。

林洙曾用文字来描述自己对徽因坚强品质的佩服之情，她写道："我和建筑系的老师们往往在梁家听了满肚子的趣闻和各种精辟的见解与议论之后，在回家的归途上，对梁、林两位先生的博学与乐观精神万分感慨。我从没有听到过他们为病痛或生活上的烦恼而诉苦。其实，他们的现实生活十分艰辛。解放前清华的教工宿舍还没有暖气，新林院的房子又高又大，冬天需要生三四个约有半人多高的大炉子才暖和。这些炉子很难伺候，煤质不好时更是易灭……室内温度的高低冷暖，直接关系到林徽因的健康。我回转身来，见到林先生略带咳嗽、微笑着走进来，她边和我握手边说：'对不起，早上总是要咳这么一大阵子，等到喘息稍定才能见人，否则是见不得人的。'她后面一句话说得那么自然诙谐，使我紧张的心弦顿时松弛了下来。后来我才知道，她这句话包含着她这一辈子所受的病痛的折磨与苦难。"

她是只想把自己最好的一面，或者最能给大家带来收获与快乐的一面展示给大家。由此可见，徽因的优雅已然超越了现实生活对她的束缚，尽管生活并不如人意，尽管身体情况如此糟糕，然而生活是自己的，过的每一分、每一秒都是自己的，谁都无可替代，所以，与其哀伤地活，不如乐观地面对，面对所有的疼痛和糟糕。

后人曾将她喻为"一个人文符合"，是为"中西文化的完美融合"和"中国知识女性的杰出代表和光辉典范"。不过这些光环，她一点也不在乎。她觉得自己不过是做到了一个真实的热忱生活的自己而已。

在她的心中，始终怀有的依然是无比高的热忱，对生活、对工作、对理想的热忱。亦因此，林洙这个对她着墨最多的女子在见到她时，有着不小的吃惊。林洙觉得自己从没见过比她更瘦的人，但是"她那双深深陷入眼窝中的眼睛，放射着奇异的光彩，一下子就能把对方抓住"，这是因为她身体具备特有的不凡的气质，是因为优雅早已融入她的骨子里，已然成了她生命的一部分。

也是，一个女人的优雅最是让人过目不忘。

优雅，真是一个女子永恒的时尚。

法国有句格言对此说得最为精确："优雅是年龄的特权。"也是，女人随着年龄的增长，在变老中最应该始终保有的是优雅，并用尽自己最大的热忱去保有，如此才能在岁月的无情流逝中，通过优雅来让自己更出色，更吸引万千。

事实上，优雅的女性，不管是在职场，还是在日常生活中，都是让人景仰不已的。说白了，所谓"腹有诗书气自华"，说的便是内涵能带给人优雅。一个人，尤其是女子，只有丰富自己的内涵，才可以让自己在潜移默化中变得优雅起来。

因为爱，所以懂得放手

一

在徽因的生命中，有一个男子是不可被遗忘的。

他，即是那个深情守护她一生的男子金岳霖。这个学界泰斗，对徽因从来都只是付出不求任何回报。他爱慕徽因，默默奉献了自己的一生。他爱得理智，爱得沉稳，爱得深刻，爱得执着，爱得缄默，曾经让无数人想起即觉心疼。

在长久的交往中，他爱上了美女加才女、气质超凡脱俗的徽因；而徽因也被他的多才多艺、幽默风趣、天真烂漫又极具绅士风度所吸引。由此，二人由开始的"意合"，在时光的延伸里渐渐地向着"情投"靠拢。

终于有一天，在思成从外地回来时，徽因沮丧地将这个心意告诉了思成。她幽幽地说："我苦恼极了，因为我同时爱上了两个人，不知道怎么办才好？"

听完这句话的思成，瞬间沉默不语。经过一夜的辗转反侧，亦是因为爱的缘故，他明白了许多。次日，他便对徽因说道："你是自由的，如果你选择了老金，我祝福你们永远幸福。"

然而，徽因却并没有要这自由离开他。她说："你给了我生命中不能承受之重，我将用我一生来偿还！"

也是因为爱的缘故，这个思维缜密的女子，聪慧地将折磨自己已久的难题巧妙地"分享"给自己的丈夫。她，未曾真的想过有任何选择之事，即便对金岳霖真的有所动心，然而心中始终有一个爱的天平，那是偏向于思成以及她所重视的家的一方的。她自己亦说过，她是个"爱我现在的家在一切之上"的人，她又怎会真的去做选择呢。

她，或许只是想浪漫一些，好让自己平静如水的生活中有些浪漫的浪花，好使自己对生活的热情再充溢丰盈些。亦或许，她太过了解思成，知道他会如何对答，所以只是想撒娇一下，以便获得思成更多的体谅和信任。再或者，就是为了光明正大地取得和金岳霖之间朋友的身份，毕竟人言可畏，早些撇清绯闻纠纷的嫌疑，总好过漫天传言。

说实在的，如此的徽因，真是一个生活的高手，能遇事冷静处理，泰然自若地从容应对，尤其是容易令人迷惘的感情问题，真真是难得。

有很多人想知道徽因到底爱过金岳霖没有，爱的话是哪一种，是感动还是真动了情。

其实，回头来想，从某种意义上讲，这种感情更多的是依赖吧。稳重的金岳霖，给予她更多的是依恋。想当初她能那么理智地错过志摩，如今真心不会与金岳霖真正步入热烈相爱的地步的。这是因为，此时的她早已不再拥有放纵的资格，她已有宠爱自己的丈夫，亦有乖巧伶俐的女儿，更有属于自己的辉煌事业。曾经，在她还未拥有任何时，她都不会为了一场浪漫的爱情放弃平淡的生活，如今在拥有了这俗世里该有的平凡幸福时，她又怎会轻易为了一个男人抛家舍业呢？

不会，绝对不会。

她，之所以明明白白地说出，只是不想这种感情尴尬地存在。她，需要一个仰慕者真实的存在，但不存有任何芥蒂，不让人有口舌之争。

二

后来，徽因将思成说的话转述给金岳霖。

绅士般的金岳霖自然能够体味到这其间的玄妙，他回答道："看来思成是真正爱你的，我不能伤害一个真正爱你的人，我应该退出。"

于是，徽因、思成、金岳霖三人从此终生为友。

一个人人皆视为棘手的三角恋难题，就这样巧妙地被徽因解决了，并且还收获了一个终生的仰慕者和守护者。冷静理性的金岳霖，用最高的理智驾驭自己的感情，爱了她一生。

那时，徽因和思成在家里几乎每周都会办沙龙聚会，也就是"太太的客厅"，金岳霖始终是梁家沙龙的座上客。并且，他们因为志趣相投、交情至深，还一直比邻而居。据说，徽因住到哪里，金岳霖就会默默地陪伴到哪里。他自己亦说过："一离开梁家，就像丢了魂似的。"所以，这一生里，他始终用这种温和的方式默默守护着徽因，不离不弃。而徽因亦早已习惯他的呵护，许多时日里，只要有他在，她的心便安然。

对于金岳霖的做法，通达的思成并没心生任何芥蒂，而是以一种君子坦荡荡的态度和金岳霖相处着。甚至有时他和徽因吵架，还会找金岳霖做"裁判"，只因他信任教哲学的金岳霖较他们更理性冷静。

善良幽默的金岳霖，确实给思成和徽因的生活带来了很多乐趣。

一日，金岳霖正在屋里看书，忽然听见外面有人叫他。出门一看，什么人也没看到，正想着这是谁搞的恶作剧时，"老金，老金"的声音就又传了过来。原来这声音来自空中，他抬头向上望去，发现徽因和思成正高高地站在前院正房的屋顶上呢，两个人似孩童一般笑嘻嘻地喊着他。金岳霖知道，这是徽因和思成在学攀援，为以后外出考察做准备呢。然而，他有些担心那房子不牢固，于是忙不迭地叫他们："还不赶快给我下来！"

言语里充满了关怀和担忧。

这样的金岳霖，在徽因和思成中间真的似长兄，似亲人。

当徽因和思成下来，到了金岳霖家时，金岳霖早已吩咐仆人将茶泡好，等他们。席间，金岳霖笑着说道："我送你们一副对联；上联是'梁上君子'，下联是'林下美人'。"

"梁上君子"本是贬义，但思成是搞古建筑研究与保护的，确实需要经常在屋顶测量，如是，他不仅不以为忤，还高兴地说："我就是要做'梁上君子'，不然怎么能打开一条新的研究道路，岂不是纸上谈兵了吗？"

倒是徽因对这赞誉之词并不领情："什么美人不美人，好像一个女人没有什么可做似的。我还有好些事要做呢！"金岳霖听了，大为佩服，连连鼓掌。

看到徽因的生命中有如此绅士的金岳霖，不禁让人想起"人生得一知己足矣"的俗情种种来。

确实，因为爱的缘故，金岳霖选择了放手，然而内心却始终执着于爱护徽因。不得不说徽因是幸运的，想在她最惆怅时，金岳霖理性退出，却又为了守护她而终身不娶，并且还在她死后亦念念不忘。真真是让人艳羡不已。

据说，有一天金岳霖把以往的老朋友都约到北京饭店，但并未曾告诉老朋友为何事而聚，而是在饭吃到一半时，突然起身说今天是徽因的生日。就此，闻听此言的老朋友们望着眼前这位终身不娶的老者，默默地流下心疼的眼泪。

也是。情若如此，徽因这一生自是无悔。

金岳霖对徽因的这份爱，真是天地可鉴，世人无人可及。当徽因去世，他再不能陪伴她左右了，孤独的他便只靠着往日的回忆度日。更在晚年时分，和徽因的孩子们住在了一起，来回忆温习和徽因的种种。徽因的孩子们，自是明白这位老人的用情至深，皆深情地唤他"金爸"。

确实，这位将最真最深的爱给了他们母亲一生的老者，值得他们永远尊敬和爱戴。

不知谁说过，相爱容易相守难。世间太多的爱情，只要付出过真心，拥有过，珍惜过，就是最大的慈悲了。似他这般，真真是鲜少可寻。

才情，
是女神行走人间的资本

她不再是个只会风花雪月的娇媚女子；

她已深谙民间疾苦，深懂人情冷暖。

她以非凡的才情、魅力，让无数人为她一见
倾心。

姿态，成了她另一个标签。

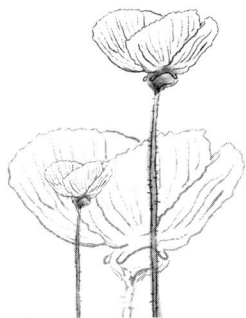

最凄清的痛，也是一种成长

一

一九三一年，于徽因而言，是最美好的一年，亦是最悲痛的一年。

这一年，她因肺病在山上静养，沉积心中已久的激情得以释放，为此写下了许多令人称许不已的诗歌，为她的人生增添了一道最亮丽的风景。对于俗世的凡人，这样的清雅亦是一种修行。

这年九月，她和思成应朱启钤的聘请，到中国营造社供职，思成任法式部主任，她则为校理。病愈，重拾停歇已久的事业对她而言是为欢喜。她毕竟是骨子里热爱事业的女子，亦只有在事业中才能让这个才情横溢的女子找到真实的存在感。

以为生活从此静好，谁知一场巨大的悲剧竟然很快上演。

是年十一月十日，徽因应邀出席欢迎英国女作家凯瑟琳·曼斯菲尔德的姐夫柏雷博士的茶会。因而徽因没在家，而思成那日也恰巧有事外出，所以志摩来访时扑了个空，于是他留了个字条给徽因。

待徽因回家之后，即被佣人告知志摩刚刚来过，因她和思成都不在家，喝了一壶茶便走了。说着，便将志摩留下的字条给徽因看。字条中如是写着："定明早六时飞行，此去存亡未卜……"

仿佛有心灵感应一般，徽因见此留言便有些慌了，于是致电志摩，询问他情况。电话通了，志摩安慰徽因不要慌乱，但徽因还是感到略有不妥，于是在谈话的最后提及了自己将于十九日晚在北平协和小礼堂演讲，希望志摩可以来。

志摩听后，自是欣然表示要去的。

只是，谁也未曾想到，这一通电话竟然成了二人最后的对话。

那时，志摩应胡适邀请在北京大学任教，并兼任北京女子大学的教授，工作量之大可想而知。因此，他要不断地从上海飞回北京处理一些公务。这样频繁的往返，费用很高，使得志摩原本不富裕的家境更加窘迫，因此，这次回家志摩是要劝妻子陆小曼随他移居北平的。然而，未料小曼执意不肯，两人闹了个不欢而散。于是十七日志摩决定回京。

十八日，志摩抵达南京，因当日京津地区戒严，列车通行不便，因此志摩决定乘飞机飞往北平。恰巧，他的口袋里有一张前些日子友人保君建送于自己的免费机票。

于是十九日志摩搭乘上中国航空公司的"济南"号邮政飞机北上。

当日十点十分，飞机抵达徐州加油时，窗外还是朗朗晴天。飞机上的乘客只他一人。他独自望向窗外，只见广阔天地间，入眼的皆是明媚，然而心底却兀自生出一份孤凉来。

十点二十分，飞机起飞。不曾料到，飞到山东党家庄一带时却忽遇大雾，进退不得，最终飞机触山顶倾覆，两名飞行员加唯一的乘客徐志摩，就这样遇难身亡。

彼时的徽因，正在北京焦灼地等候着他的归来。因为在飞机起飞之际，他曾致电报于徽因，告知她飞机应抵达的时间，要她和思成到机场接他。因此，那日徽因和思成苦苦守候在机场。可约定的时间早已过了，却仍未见航班抵达。

次日，她从《晨报》中得知飞机失事的消息。二十一日，《新闻报》确证了徐志摩的身份。在得到这个确切消息后，她当场昏厥。

所有的过往皆成云烟，她在刹那间觉得自己被隔绝了天地，犹若父亲去世那年，她再次陷入了孤寂的谷底。

二

失去他，她觉得失去了一部分世界。

是年十二月七日，她在北平《晨报》中发表了《悼志摩》一文。

> 十一月十九日我们的好朋友，许多人都爱戴的新诗
> 人，徐志摩突兀的，不可信的，惨酷的，在飞机上遇险
> 而死去。这消息在二十日的早上像一根针刺猛触到许多
> 朋友的心上，顿使那一早的天墨一般地昏墨，哀恸的咽
> 哽锁住每一个人的嗓子。
>
> ……

痛惜之情，无以言表。

这之后，许多思念他的日子将全是灰暗苦楚的，不会再有任
何点滴光明，因为世间从此不会再有他那样美丽诗意的信仰。

是的。他已离去，再无相见有期。只刹那，便生死相隔。

不过，让人更痛惜的是，志摩的妻子陆小曼拒绝认领徐志摩
的遗体。不得已，思成和徽因二人在北平为他布置了一个追悼会
现场，与会人数近三百人。看至此，让人不由得为才子志摩感叹
一番：想他独行一世，以爱为食，终了却成了人群里最孤寂、最
寥落的那一个。

轻轻的我走了，

正如我轻轻的来；

我轻轻的招手，

作别西天的云彩。

那河畔的金柳，

是夕阳中的新娘；

波光里的艳影，

在我的心头荡漾。

软泥上的青荇，

油油的在水底招摇；

在康河的柔波里，

我甘心做一条水草！

那榆阴下的一潭，

不是清泉，是天上虹；

揉碎在浮藻间，

沉淀着彩虹似的梦。

寻梦？撑一支长篙，

向青草更青处漫溯；

满载一船星辉，

在星辉斑斓里放歌。

但我不能放歌，

悄悄是别离的笙箫；

夏虫也为我沉默，

沉默是今晚的康桥！

悄悄的我走了，

正如我悄悄的来；

我挥一挥衣袖，

不带走一片云彩。

没想到，几年前诗人写下的这首《再别康桥》真的一语成谶。最后，他真的如诗中所写：悄悄的我走了，正如我悄悄的来；我挥一挥衣袖，不带走一片云彩。宿命的事，由此看来真的是早有安排。

不过，对于志摩的猝然离开，徽因始终做不到释怀。

当年，有许多人认为志摩是因为她而死，若非不是为了赶赴她的那场演讲，诗人不会这样迫切地归赴北平。她，或许觉得真心有亏欠了志摩，年轻时的辜负，加之这场意外，她央求思成赶去现场取回了一块失事飞机的残骸，并将这块残骸挂在自己的卧室里，以此来表达对志摩的永久怀念。

这样的情义表达，是至深的，也自然迎来了许多人不理解的目光。然而，她对此真正做到了无视，一种超然的无视。也是，世间事已然如此无常，为何还要活在别人的眼光里？爱就是爱，怀念就是怀念，何必藏着掖着，更何况她还拥有思成这样一个永远的谦谦君子——他对她的做法虽觉难解，但却是认同的。

经历了这么多的生离死别，她早已磨砺成一个成熟淡然的女子。

正如她说的，死不一定比生苦。

这种对生者的宽慰，对死者的祝福的超然认知，若非洞悉世事，是不能获得的。

心似莲，总要坚强地过

一

人生像一首诗，韵味悠长；人生亦是一篇散文，经久耐读；人生更是一部小说，起始难料，却尽有始终。

在这漫漫人生路上，每一个人都似飘萍，无根。若要在这人世间做到再是险恶亦可宠辱不惊，必然得有一颗纯净清澈的心，才能任由世事纵横万千，让所经历的都成逝水流年，所过的日子也皆是寻常烟火。

譬如，如莲的徽因。

也是。你与其不厌其烦地去对别人讲这世态如何的纷繁凛冽，如何的险恶世俗，不如纵身于尘涛世浪之中，遍尝这人间百味，如是便可深晓一切阴晴冷暖。就一如冷暖自知，若要在于尘世中活得收放自如，全然靠自己。

徽因，素以貌美、聪慧深赢世人的爱慕，殊不知这被爱慕的背后，活着的是一颗如莲的心，不倔强亦不一意孤行，因而这一生才不曾留下过多的伤痕，才能得以人人艳羡。

不过，在这样的活法里，得多一份坚韧，要坚如磐石，才能得以支撑。

志摩的死曾让她倍感生活无以为继，痛楚是莫大的，又无以言说。她亦无数次地宽慰自己，死未必比生苦，最后的解脱未必不是幸福，由是才逐渐度过了那段苦痛的光景。然而，这苦痛成了她一生永难愈合的伤，如烙印，如疤痕，就那么拧巴地刻在她心底的某一处。

她曾在一九三二年分别于元旦和正月两次致信胡适提及关于志摩的种种。可见，志摩之于她曾是一道怎样难以渡过的河水。

确实。志摩给予她的影响太深刻了。她曾说过，志摩给了她人格上、知识上的磨炼、修养，让她始终保有一份深刻的诗意和优雅，对一切美好的情怀有丰盈的满足。

那一年夏天，她的肺病因志摩的死复发了，不得已，她又要到香山养病。在香山的日子依旧清静闲逸，依旧有好友常来，然而心境却不一样了——过往志摩来的次数最多，带给她内心的欢喜亦最多。曾经，他们一起煮茗夜话，谈文学、谈人生、谈生活、谈情感，志摩给予了她这世间最美的诗情、最深的欢喜，而如今不管是谁来，她的欢喜亦不是当初那欢喜了。所以，在无数个夜阑人静时，她无数次为志摩的亡故而泪流满面。

玲珑地生，从容地死，不过皆是美丽的梦。她，是幡然领悟了这人生的深意，亦知再是疼痛、伤心，全然于事无补，就如她当初为要一份现世的安稳而清醒地转身离开他一样，所有皆是过往，皆是梦一场，再想将其留存内心，也不过是无谓的徒劳。事实已是如此，历史无可更改，一切皆是定数，日子还是要照常地过。

愧疚有之，后悔有之，又如何？有些人，有些爱，真真是要不起，爱不起，一时如此，一生亦会如此。她在生之岁月，永远要不起这爱，他亦永给不了她要的细水长流。

罢了，宿命如此。

所幸，她虽看似柔弱如水，内心却拥有无与伦比的冷静和坚强，因而不会就此沦陷在伤悲里。所以，她永可心似莲花，即便只有一剪薄弱的光，也要骄傲地捧出辉煌来。

二

别丢掉

这一把过往的热情，

现在流水似的，

轻轻

在幽冷的山泉底，

在黑夜，在松林，

叹息似的渺茫，

你仍要保存着那真！

一样是月明，

一样是隔山灯火，

满天的星，

只使人不见，

梦似的挂起，

你问黑夜要回

那一句话——

你仍得相信

山谷中留着

有那回音！

二十一年夏

这首她在香山养病之时所作的诗，尽显她对志摩的深刻怀念。

是的，那年在香山养病的日子里，她写了三首诗来怀念志摩。然而，这个坚韧的女子，未曾一味地沉溺在这份悲伤里，对于她挚爱一生的事业她亦付出很多。她为此努力着，即便身体不是那么好，仍是跟着思成去了卧佛寺、八大处等地考察古建筑，还发表了《平郊建筑杂录》一文。

在那一年，她还于一次聚餐时结识了赫赫声名的美籍学人费正清夫妇。于是生活全然有了另外的模样。

山重水复的流年啊，笑看风尘起落的人间呀，谁又会是谁永远的邂逅呢？不过都是彼此的过客罢了，谁离了谁都可以继续接下来的人生。

人这一生，总是会要经历许多段历程，遍尝万千滋味，看尽各式阴晴圆缺，能从容淡泊亦好，能心平气和更好。一生一世，不过是回首间的转瞬即逝。

好好珍惜当下，才如是。

后来的岁月里，坚韧的徽因将志摩紧锁在心底，走过重重雾霭，见多的是明月清风。

一九三三年之后的徽因，日渐风韵成熟，日子过得井然有序、平静美好。

她，参加了朱光潜、梁宗岱每月举办一次的文化沙龙。在沙龙上，她尽兴地朗诵中外那些美好的诗歌和散文，将文学融进骨子里，由此，人们记住了她这个永远美丽如人间四月天的纯净才女。花香四溢时，姹紫嫣红时，她成了人们最常忆起的最美意象。

在挚爱的建筑事业上，她更是倾注了火一般的热忱。她和思成、刘敦桢、莫宗江一起去山西大同考察云冈石窟。十月回来，便有散文《闲谈关于古代建筑的一点消息》发表。同年十一月，她又与思成、莫宗江一起到河北正定考察古建筑。以一弱女子之身，似男人一般跋山涉水做最艰苦的考察工作，她竟做得津津有味。

诚然，她已不再是个貌美如花、优雅的弱女子，而成长为风浪尖上的女强人。在诗情画意之外，她更有一个能够呼风唤雨的天地，她的世界就此丰盈。有些人因此记住了她的婉约多情，有些人因此记住了她的从容淡泊，亦有些人因此记住了她的执着热忱。

正如此，她这多面的美好女子，才会被那么多的人视为女神，崇拜与仰慕，并且如始终。

是年秋天，她写下那首著名的诗——《秋天，这秋天》。

这是秋天，秋天，

风还该是温软；

太阳仍笑着那微笑，

闪着金银，夸耀

他实在无多了的

最奢侈的早晚！

这里那里，在这秋天，

斑彩错置到各处

山野，和枝叶中间，

象醉了的蝴蝶，或是

珊瑚珠翠，华贵的失散，

缤纷降落到地面上。

这时候心得象歌曲，

由山泉的水光里闪动，

浮出珠沫，溅开

山石的喉嗓唱。

这时候满腔的热情

全是你的，秋天懂得，

秋天懂得那狂放，——

秋天爱的是那不经意

不经意的凌乱！

但是秋天，这秋天，

他撑着梦一般的喜筵，

不为的是你的欢欣：

他撒开手，一掬璎珞，

一把落花似的幻变，

还为的是那不定的

悲哀，归根儿蒂结住

在这人生的中心！

一阵萧萧的风，起自

昨夜西窗的外沿，

摇着梧桐树哭。——

起始你怀疑着：

荷叶还没有残败；

小划子停在水流中间；

夏夜的细语，夹着虫鸣，

还信得过仍然偎着

耳朵旁温甜；

但是梧桐叶带来桂花香，

已打到灯盏的光前。

一切都两样了，他闪一闪说，

只要一夜的风，一夜的幻变。

冷雾迷住我的两眼，
在这样的深秋里，
你又同谁争？现实的背面
是不是现实，荒诞的，
果属不可信的虚妄？
疑问抵不住简单的残酷，
再别要悯惜流血的哀惶，
趁一次里，要认清
造物更是摧毁的工匠。
信仰只一细柱香，
那点子亮再经不起西风
沙沙的隔着梧桐树吹！
如果你忘不掉，忘不掉
那同听过的鸟啼；
同看过的花好，信仰
该在过往的中间安睡。……
秋天的骄傲是果实，
不是萌芽，——生命不容你
不献出你积累的馨芳；
交出受过光热的每一层颜色；
点点沥尽你最难堪的酸怆。

这时候，

切不用哭泣；或是呼唤；

更用不着闭上眼祈祷；

（向着将来的将来空等盼）；

只要低低的，在静里，低下去

已困倦的头来承受，——承受

这叶落了的秋天

听风扯紧了弦索自歌挽：

这夜，这夜，这惨的变换！

二十二年十一月中旬

多少人曾被她这首长诗深深感动，庄周梦蝶，一切皆是场华丽至极的筵席，即使散了，也会留存满满的温软和柔情，如是的人生，真好！

而如我般世人，皆要说的是懂得感恩真好，世事皆可美梦，事事皆可温软、柔情。

人生，再是艰险汹涌如潮，又如何，只要心存美好，一切皆可安好！

用才情，活出优雅姿态

一

徽因在事业上取得的成就，是可以给那些视徽因的生活无非是一些高朋满座的沙龙的人一剂猛药的。

作为一个格调颇高、诗意斐然的婉约女神，她的一生是多彩的，然而，女神之外，她的才情、她的事业皆可拿出来被后人津津乐道、赞誉不已。回望她的种种，她绝对是一个可以看尽光影繁华又甘于回归平淡生活的女子楷模。

这样的女子，素能给人带来无尽美好的遐想。

那些年，她和思成研究的古代建筑在当时早就是一道瑰丽的风景。

这在当时是一份多么令人高山仰止的事业。作为女性，尤其是徽因这样的女性，在她洒脱的一生中，得"放下"多少才能承受这一般女子所不能承受之轻，抑或所不能承受之重。

既耐得住学术的寂寞和生活的艰辛，又享受得了繁华中的尊贵，这恐怕是徽因能傲然于那一票民国名媛最大的缘由了。

想当年，当中国营造社出版思成的《清式营造则例》一书时，她洋洋洒洒地为该书写了《绪论》；当思成要同费正清夫妇、汉莫去山西汾阳、洪洞等地考察古建筑时，她亦勇往跟随；后来为了考察古建筑，其足迹更是遍布全国各地，比如河南的洛阳龙门石窟、开封及山东的历城、章邱、泰安、济宁等。

事业让她获得了更多人的另眼相待。她不再是个只会风花雪月的娇媚女子；她已深谙民间疾苦，深懂人情冷暖。她以非凡的才情、魅力，让无数人为她一见倾心。

姿态，成了她另一个标签。

而她这姿态，于世俗深处美若人间四月天，即便岁月流逝，始终苍翠如初。诚如她写下的那首诗《你是人间的四月天——一句爱的赞颂》：

我说你是人间的四月天；
笑响点亮了四面风；轻灵
在春的光艳中交舞着变。

你是四月早天里的云烟，
黄昏吹着风的软，星子在
无意中闪，细雨点洒在花前。

那轻，那娉婷你是，鲜妍
百花的冠冕你戴着，你是

才情，是女神行走人间的资本　　125

天真，庄严，你是夜夜的月圆。

雪化后那片鹅黄，你像；新鲜
初放芽的绿，你是；柔嫩喜悦
水光浮动着你梦期待中的白莲。

你是一树一树的花开，是燕
在梁间呢喃，——你是爱，是暖，
是希望，你是人间的四月天！

青春华丽退场，生命亦有了别样的姿态。在岁月的清浅处，她用这轻灵柔美的文字将她的最美姿态绽放。于是，有无数的人便记住了这位如芳菲四月天般美好的女子有着怎样的一种才情斐然；更记住了她那泰然自若的令人艳羡的美好姿态。

或许，凡事用平常心对待，心底无私的人才最能做到洒脱。

一如徽因这样。

想她，早已经历了人生的变迁，再不是那康桥上不谙世事的小女生，只懂守望壁炉、隔窗听细雨，寂寞时渴念有个温和诗意的男子陪伴。而今，她成熟、稳重、淡泊、释然，才情让她在文学上和建筑事业上都获得了不菲的成就。她，已然如一朵盛放的花，释放出来的全然是不同凡响。

她，并未沉溺在文字里营造风花雪月，而是成为古建事业里的最学究。她依然充满诗意，更深懂学术。聪慧的她，太懂得诗意不能生活，学术又太过枯燥，所以，她将二者巧妙地组合在一起，珠联璧合地惊艳了世人。

或许，这才是一个女子最优秀的活法。

不背离自己，始终充盈自己，为自己而活，不单纯只为某一个人。

也是。生活始终是自己的，人生亦只能自己走过，谁都无法代替。所以，活给自己看，才是真正的爱自己。

女神皆如此，我们为何不如此！

二

在事业上，这个才情女子始终和丈夫夫唱妇随，始终相濡以沫，一起走过了许多许多的地方。

所谓"执子之手，与子偕老"，在那些年里女神和丈夫思成诠释得最好。

这样一份琴瑟和谐、鸾凤和鸣的圆满，令徽因更觉一份安稳和舒适。时常，这个女子会在晨曦迷蒙中、午后和暖的晴光下、新月如钩的夜色里，用她万千婉约的才情写就令人心悦不已的美丽文字。让多年后世人读她的这些文字时，能够获得无数的美好和对生活的希望。

她，真是一个和美的人，即使经历了和至爱之人生离死别，也落下了一身的病痛，亦奔忙在滚滚红尘的阡陌上，然她从未曾向岁月低过头，她的那些文字里更未曾见过悲观消极、抑或愁肠万千。是真懂得生活真实的温婉女子，亦深懂悲欢离合才是真味人生，于是，她写下的诗句才让人在隆冬的荒芜里尽见了新绿，且看她写过的《红叶里的信念》：

年年不是要看西山的红叶，
谁敢看西山红叶？不是
要听异样的鸟鸣，停在
那一个静幽的树枝头，
是脚步不能自已的走——
走，迈向理想的山坳子·
寻觅从未曾寻着的梦：
一茎梦里的花，一种香，
斜阳四处挂着，风吹动，
转过白云，小小一角高楼。

钟声已在脚下，松同松
并立着等候，山野已然

百般渲染豪侈的深秋。
梦在哪里，你的一缕笑，
一句话，在云浪中寻遍，
不知落到哪一处？流水已经
渐渐的清寒，载着落叶
穿过空的石桥，白栏杆，
叫人不忍再看，红叶去年
同踏过的脚迹火一般。

好，抬头，这是高处，心卷起
随着那白云浮过苍茫，
别计算在哪里驻脚，去，
相信千里外还有霞光，
像希望，记得那烟霞颜色，
就不为编织美丽的明天，
为此刻空的歌唱，空的
凄恻，空的缠绵，也该放
多一点勇敢，不怕连牵
斑驳金银般旧积的创伤！
再看红叶每年，山重复的
流血，山林，石头的心胸

从不倚藉梦支撑，夜夜

风像利刃削过大土壤，

天亮时沉默焦灼的唇，

忍耐的仍向天蓝，呼唤

瓜果风霜中完成，呈光彩，

自己山头流血，变坟台！

平静，我的脚步，慢点儿去，

别相信谁曾安排下梦来！

一路上枯枝，鸟不曾唱，

小野草香风早不是春天。

停下！停下！风同云，水同

水藻全叫住我，说梦在

背后；蝴蝶秋千理想的

山坳同这当前现实的

石头子路还缺个牵连！

愈是山中奇妍的黄月光

挂出树尖，愈得相信梦，

梦里斜晖一茎花是谎！

但心不信！空虚的骄傲

秋风中旋转，心仍叫喊

理想的爱和美，同白云
角逐；同斜阳笑吻；同树，
同花，同香，乃至同秋虫
石隙中悲鸣，要携手去；
同奔跃嬉游水面的青蛙，
盲目的再去寻盲目日子，——
要现实的热情另涂图画，
要把满山红叶采作花！

这萧萧瑟瑟不断的呜咽，
掠过耳鬓也还卷着温存，
影子在秋光中摇曳，心再
不信光影外有串疑问！
心仍不信，只因是午后，
那片竹林子阳光穿过
照暖了石头，赤红小山坡，
影子长长两条，你同我
曾经参差那亭子石路前，
浅碧波光老树干旁边！
生命中的谎再不能比这把
颜色更鲜艳！记得那一片

黄金天，珊瑚般玲珑叶子
秋风里挂，即使自己感觉
内心流血，又怎样个说话？
谁能问这美丽的后面
是什么？赌博时，眼闪亮，
从不悔那猛上孤注的力量；
都说任何苦痛去换任何一分，
一毫，一个纤微的理想！

所以脚步此刻仍在迈进，
不能自已，不能停！虽然山中
一万种颜色，一万次的变，
各种寂寞已环抱着孤影：
热的减成微温，温的又冷，
焦黄叶压踏在脚下碎裂，
残酷底散排昨天的细屑，
心却仍不问脚步为甚固执，
那寻不着的梦中路线，——
仍依恋指不出方向的一边！
西山，我发誓底，指着西山，
别忘记，今天你，我，红叶，

连成这一片血色的伤怆！

知道我的日子仅是匆促的

几天，如果明年你同红叶

再红成火焰，我却不见，……

深紫，你山头须要多添

一缕抑郁热情的象征，

记下我曾为这山中红叶，

今天流血地存一堆信念！

　　文字最能呈现一个女子的面貌，比如张爱玲，生活里的万千不如意使得她的文字里尽见苍凉。徽因便不同了。生活里的安稳、圆满，给予她万千的温暖，即使经历曲折，始终有股温暖的力量支撑她的生命里的任何一处，让她倍感生命的力量。如此，生之岁月里的一花一叶，皆是鲜艳的生命，皆是生存的力量，皆是人生的信念。

　　所以，世人皆艳羡她的生之信念。读之，如沐浴缕缕清风，那些积压已久的尘埃皆被拂去，继而忘记了岁月里的疲累。

　　人生，是应像徽因这样以缓慢从容和美的姿态行走的。

　　如此，行至岔路时，才可似她一般从容地或转弯，或前行，姿态总可优雅至极。

努力的女子，才最美

一

她的身上，有一种经久不褪色的坚强。尽管在同时期的优秀女人里，她没有爱玲的凌厉，亦没有小曼的决绝，然而她因着坚韧成为最令人称道的女神。

努力，始终是她的信条。

这使得她的才情和美貌始终傲然于他人。

世人曾如是将她形容之：如清水里开出的一朵白莲，格调雅致，柔美温婉，不见半点污浊。确实，经年里她努力用自己的热情、美丽、智慧、率直认真地过好每一天。这样的她，充满了无穷的魅力，由此格调斐然，无人可比。

曾有人说过，摩登的女人过于肤浅，另类的女人过于张扬，传统的女人过于保守，普通的女人过于小气，唯有一种女人把"体面、适当"奉为一生的信仰而成为最有格调的女人。

努力着的徽因，是个有这样魅力格调的女子。

一位上过徽因在国立北平大学女子文理学院所开课程的教授有文如此："曹靖华、周作人、朱光潜都在此执教。林徽因每周来校上课两次，用英语讲授英国文学。她的英语流利、清脆悦耳，讲课亲切、活跃、谈笑风生，毫无架子，同学们极喜欢她。每次她一到学校，学校立即轰动起来。她身着西服，脚穿咖啡色高跟鞋，摩登、漂亮而又朴素、高雅。女校竟如此轰动，有人开玩笑说，"如果是男校，那就听不成课了"。

这个极具东方神韵的美丽女子，真真是令人喜悦。努力的样子，更是万千女性的榜样。尽管才华横溢，却不曾为此傲娇过，而是勤勤恳恳地尽最大努力真挚地对待着自己的工作、事业，这样的女性真是令人钦佩啊！

正如丰子恺在《不宠无惊过一生》中所言的："不乱于心，不困于情。不畏将来，不念过去。如此，安好。"

是的，若女子将努力视为信条，生活就会趋于此不宠无惊的安好里。诚如，徽因。

梁从诫曾如此说过母亲林徽因："作为一个古建筑学家，母亲有她独特的作风，她把科学家的缜密、史学家的哲思、文艺家的激情融于一身。从她关于古建筑的研究文章，特别是为父亲所编《清式营造则例》撰写的绪论中，可以看到她在这门科学上的造诣之深，她并不是那种仅会发思古之幽情、感叹于'多少楼台烟雨中'的古董爱好者；但又不是一个仅仅埋头于记录尺寸的和方位的建筑技师。在她眼里，古建筑不仅是技术与美的结合，而且是历史和人情的凝聚。"

能将如此枯燥的学术做到优雅得淋漓尽致，非努力而不能获得。试想，要付出怎样的真心实意，怎样的勤勤恳恳的耕耘，才可获得？

这样的女子，如何不让人认同。

作家陈衡哲的妹妹陈衡粹写过自己初见徽因时的震动："有一天同一位朋友上山游览，半山上一顶山轿下来，我看见轿子里坐着一位年轻女士。她的容貌之美，是生平没有见过的。想再看一眼，轿子很快下去了。我心中出现'惊艳'两字。身旁的人告诉我，她是林徽因。用什么现成话赞美她？闭月羞花、沉鱼落雁等都套不上，她不但天生丽质，而且从容貌和眼神里透出她内心深处骨头缝里的文采和书香气息。"

跟她有过亲密接触的林洙女士在《困惑的大匠·梁思成》中，亦曾不惜笔墨地对她慨叹道："她是我一生中所见识过最有风度的女子。她的一举一动、一言一谈都充满了美感、充满了生命、充满了热情……当你和她接触时，实体的林徽因便消失了，而感受到的则是她带给你的美和强大的生命力。"

能被女子称赞，已然难得；能被成为丈夫后来的妻子的女人称赞，则是难中之难。

可见，她之魅力。

二

曾经有一度,她的介绍资料中呈现甚少的,导致世人对她有着很深的误解。以为她出身官宦,又和志摩纠缠深久,加之"太太的客厅",便将她视为空有美貌的交际花。她确实也是当时京城的名媛,但在那之外,游历过欧美的她,接受过新文化的教育,是当之无愧的时尚名媛,是涉猎广泛、性格鲜明的知识女性。

回溯她的生之轨迹,可以看出她不仅是一位有着杰出贡献的建造师,还是一位才华横溢的设计师,更是一位魅力非凡的坚韧才女。中华人民共和国国徽,她是主导设计之一,人民纪念碑她亦参与设计,景泰蓝工艺的革新她更是功不可没,更不应被人忘却的是,她和思成在保护北京古城方面做出的那些不懈坚持和努力。如上,再现了她作为一个真正清醒的知识女性的坚韧和独立。

由此,当最真实、最美丽、最魅力非凡的徽因,于历史的浓雾里拨云见天,靠近世人时,世人这才幡然认识到——原来过往所看到的,只是她的被宣传、被渲染的人生的一小部分而已。

风华被误写,真实的她更美,有的全然是新世纪的女性亦难以企及的坚韧及毅力。

她,实有名媛的高贵,却无小姐的娇气,有担当,且会担当,虽是患有肺病之身,却绝无林妹妹的娇气。尽管她有文学天分,却未选择这一虚无的浪漫学科，而是投身中国建筑业，与思成一起在战火纷飞中跋涉千山万水，只为寻访那些湮没在民间、可能明日就会毁于战火的古建筑。

想当年她可以毅然决然地和思成一起放弃在北京优渥的生活，携家带口地四处迁徙、颠沛流离。而这样流离失所的生活，她一过就是七八年，她的肺病更是在恶劣环境中变得更坏，她所受的那些苦难真真是难以想象的。所以说，很多人只看到她光鲜亮丽的一面，只觉得她始终养尊处优，有谁能知她之坚毅，又可不计环境、放下身段，洗手做羹汤，比一个农妇更辛勤更努力地操持家务。

20世纪30年代的中国，交通之差可想而知，而那时他们又要常常到偏远的深山村落中去，其艰辛不可言语。然而，她这个身患疾病的弱女子，却未曾退却过，无论如何她都是勇敢前往。她，是绝对不允许自己仅仅成为一个在家中开沙龙、喝下午茶、高谈阔论的悠闲太太的。生活在她眼中是真实而有意义的，她要真实地步步踏过，哪怕为此付出常人难以想象的艰辛和努力。

正是因为坚毅，她和思成一起辗转各地，执着于考察，他们从无到有、一手一脚地建立了属于中国人自己的建筑系；亦是她，倾注万千心血帮着思成完成那许多的关于建筑的著作。

曼德拉说得好："生命中最伟大的光辉不在于永不坠落，而是坠落后总能再度升起。"

这样的徽因，绝对是个才貌双全的奇迹。

在她身上，除了美丽聪颖外，更多的是被浮名绯闻遮掩的优点。她是美人，美得令众人交口称赞；她聪明，聪明得让人不容置疑。但她从未因此骄横，或挟此行走于世间，而是从不迷失在这浮华的赞誉里。

清醒，始终是她最值得被尊重之处。

努力，则始终是她作为女神行走在人间的最美的资本。

给自己一个优雅的空间

一

女神徽因，生活的年代是个十足的乱世。

一九三七年，"卢沟桥事变"爆发时，徽因和思成等一行人正在五台山等地考察古建筑，徽因还意外地发现了榆次宋代的雨花宫及唐代佛光寺的建筑年代。然而时局动荡，他们一行人不得不匆匆返回北平。

只是，北平亦不太平。

八月，徽因一家从天津坐船去了烟台，后又从济南乘火车途经徐州、郑州、武汉南下。到了九月中旬，他们一家抵达长沙。可惜，十一月下旬，日机轰炸长沙，差一点使他们一家人丧命。但就是此次凶险的灾难，使得徽因更加懂得珍惜当下。

生命之可贵，在硝烟战火的无情中，亦是微不足道、不堪一击的。

她，就此深懂了：在乱世，无论你多么想要一份安稳，都免不了颠沛流离。唯有活好当下，才是渺小的个人能做的。

也是。王朝会更迭，江山会易主，世事山河都会变迁，更何况人呢？

纵使历经颠沛、尝尽苦楚，人只要活着，就应有一份信念在心头做支撑，以此留出一份自我的空间，让心有寄托、有依靠。如此，即可做一个不惧将来的人——千山万水皆可独自行走，看众生芸芸亦可清淡自持。从此世间的一草一木、一瓦一檐里皆成了可依托的对象，有了坚韧行走的力量。

就此，经历了战乱颠沛的徽因，将一颗炽热的心全然交付给了自己热爱的建筑事业。她努力奔走在每一处古建筑间，日以继夜地钻研着古建筑学。任世事风云变幻，从此再不入她的眼，她将自我容纳在自己留给自己的一处优雅的空间里，做自己喜欢的且有意义的事情，让自己的人生再多一些圆满，一些欢愉。

如此，真好。

诚然，在那个硝烟弥漫的年代里，任何纷繁都无法取代那动荡，于是许多人藏起了隐秘的心事，只为遁入这变幻莫测的红尘之中。今日生，抑或明日死，都不会成为一种憾事。

不久，他们一家离开长沙，经过几番辗转到了昆明，在龙泉镇一处叫麦地村的村子里安顿下来。

她，真是一个艳绝的人。在这里，一路披微雨落花的徽因，将诗意美丽竟做到了极致。她为云南大学设计的女生宿舍，惊艳了世人。也是，怪不得有人说她的清雅与生俱来，是骨子里流淌经久的，任何人都无法效仿。她所做的，无论是考察、研究，抑或设计都会与别人大不同。最重要的是，还惊才艳绝。

一九四〇年冬，因为营造学社要入川，徽因一家迁往四川南溪县李庄镇的一个叫上坝村的地方。

然而这一次徽因病倒了。多年的颠沛流离、漂泊在外，已然透支了这个坚强女子的身心。她再也支撑不住，一直潜藏在她身体里的肺病发作了，并且严重到一病就是四年之久。

四年，她都是卧病在床。

由此，这个川南小镇成了徽因为自己营造出的另一片优雅空间。

在春花烂漫之时，她会穿上一袭素白的长裙，独行在鲜花绽放的小径上，怀想人间四月的无限芳菲。小镇简朴，自有素淡的民俗风情，在寻常的日子里，她独居一隅，读书、写诗、回忆。

生活，亦静好。

她，本是热爱生命的女子，亦素来喜欢被人围绕着生活，更喜欢山间植物及一切自然之物，与三两好友一同欣赏自是雅趣十足，然而，在这动荡的异地，好友鲜少，更别提知己了，用诗歌疗慰内心便成了她那时最常做的事。于是，有了那么多后人读之便爱不释手的小诗。

比如《一天》。

今天十二个钟头，

是我十二个客人。

每一个来了，又走了，

最后夕阳拖着影子也走了！

我没有时间盘问我自己胸怀，

黄昏却蹑着脚，好奇地偷着进来！

我说：朋友，这次我可不对你诉说啊，

每次说了，伤我一点骄傲。

黄昏黯然，无言的走开。

孤单的、沉默的，我投入夜的怀抱。

三十一年春，李庄

独特又寂美的文字，虽道尽了流光的轻薄与生命的无奈，却依然可自我疗慰。

这，应是女神徽因最大的能量。

逆境又如何，病痛折磨亦如何，只要心有优雅，一切皆安好。

二

在川南李庄镇卧病在床的日子里，徽因依然为事业操劳。

当时，思成接受委托编写《中国建筑史》。爱建筑如生命的徽因自是按捺不住，为写这《中国建筑史》，她硬是抱病阅读了二十四史，做足了准备资料，并为该书写了第七章，即五代、宋、辽、金这一部分，还承担了全部书稿的校阅和补充工作。

有事业心的女子，最得男子爱慕，亦最得世人敬佩。

然而，这一工作对于病中的她而言，无异于慢性自杀，通宵达旦的工作消耗了她大量的元气，使得她的病情加重了。在大多数的日子里，她只能卧病在床。不过，她对工作的热忱依然在，并且无人可以劝阻，在精神好的日子里，她依然坚持阅读史料。

这个好强的女子，素来只做自己，凡事亦只听从自己的内心。

据说，那时忙于工作的思成无法抽出更多的时间来陪伴她，倒是多年来一直为邻的金岳霖时常抽出时间来为她解闷。写至于此，不由得被这个痴情的男子感动到流泪。要怎样的女子，才可以降服一个如此痴情的人。原本我们以为，他只是她在北京那处安稳院落里的邻客，殊不知，徽因这一生漂泊，他都是如影跟随的，如她一般颠沛流离。

人这一生，能得一如此知己足矣！

徽因这一辈子得如此知己，可谓三生有幸，万千修为而得。

他，那么好，那么真诚，那么痴心不变。

或许，正因为有了他的陪伴，病中的徽因才不至于那么绝望、心灰。要不，要不，她怎么还能写出《十一月的小村》这样美的诗句：

> 我想象我在轻轻的独语：
>
> 十一月的小村外是怎样个去处？
>
> 是这渺茫江边淡泊的天；
>
> 是这映红了的叶子疏疏隔着雾；
>
> 是乡愁，是这许多说不出的寂寞；
>
> 还是这条独自转折来去的山路？
>
> 是村子迷惘了，绕出一丝丝青烟；
>
> 是那白沙一片篁竹围着的茅屋？
>
> 是枯柴爆裂着灶火的声响，
>
> 是童子缩颈落叶林中的歌唱？

是老农随着耕牛，远远过去，

还是那坡边零落在吃草的牛羊？

是什么做成这十一月的心，

十一月的灵魂又是谁的病？

山坳子叫我立住的仅是一面黄土墙；

下午透过云霾那点子太阳！

一棵野藤绊住一角老墙头，斜瞅

两根青石架起的大门，倒在路旁

无论我坐着，我又走开，

我都一样心跳；我的心前

虽然烦乱，总像绕着许多云彩，

但寂寂一湾水田，这几处荒坟，

它们永说不清谁是这一切主宰

我折一根柱枝，看下午最长的日影

要等待十一月的回答微风中吹来。

　　　　　　　　　三十三年冬，李庄

　　这世间，有一人可爱，或有一人爱你，便不恨。说的就是徽因这般吧。她，在病中依然可感应到素朴乡村的简单及安宁，而无多少感伤。这一切，都应归结于一种被爱、被温暖吧。

　　此亦是她最具才情之处。无论于何时何地，她都不会用大量悲伤的文字来渲染自己的心境。心中始终满怀爱意，便不孤绝，更不薄情寡义，而是对生活充满喜爱。

留一隅欢心于世间，是才女最美的馈赠。

所以，即使卧病整整四年，她未曾让文字悲泣过一丝一毫，而是让日子过得不惊不扰，并始终留给自己一个优雅的空间让自己始终美好着。这样的她，真真是一个值得世人钦佩的女子。

逆流而上，她始终能用最美的姿态做到自我救赎。

蕙质，女神活在当下

她始终信奉活在当下，

她挚爱人间烟火，

真诚地融入世俗，

为热爱的事业献身。

或许，正因为如此，

她才可以如此地出类拔萃于那时的女子，

成为那皓月星空里最亮的星。

她的灵魂，有香气

一

徽因的最美好，在于她的灵魂。

她的有香气的灵魂，使得她行走在这世间留存下的美好多于悲伤，幸福多于苦难。她的一生虽经历过几段感情，却因灵魂净美如莲花，从而将其一一化解。三个才华横溢的男子，因此皆深爱她一生，而她也未曾将谁伤到支离破碎。每个人，皆可在既定的宿命里安好。

她，始终有着绵密如丝绒的温情，温暖着爱她的男子，使得他们不至于随心所欲，不管不顾。

这个从繁华中走出来的女子，灵魂里有的尽是些高贵的气质。梁从诫曾如是说过："我的外祖父林长民（宗孟）出身仕宦之家，几个姊妹也都能诗文，善书法。外祖父曾留学日本，英文也很好，在当时也是一位新派人物。"一个高贵的灵魂，一个散发着芳香馥郁的灵魂，势必要有一个好的出身，如此才配得上真正的拥有，诚如出身知识分子世家的大家闺秀徽因一般。

二十岁，她便以才貌双全闻名于是年的北京上流社会了，"人艳如花"是为当时人们对她的赞誉。除却真真儿的貌美，她的才情才是博得这美誉的真正原因。且看，她仅仅用业余时间创作的文学作品便足以令万千人为之惊艳，使得她在京派作家圈中拥有不容小觑的地位。

更甚者，她可以在男性占主导地位的主流社会获得至高的殊荣和赞叹，这是最为难得的。参加国徽的设计，二十四岁被聘为东北大学建筑学教授，四十五岁被聘为清华大学建筑系一级教授，并且在自己的专业领域取得了卓越的成就。这样的成就，即便是男子也不是容易做到的。

不过，获得、殊荣、光辉，绝非是这个女子最令世人敬爱的一面。她，最最让世人皆爱的是她的灵魂有香气。

人人皆会以为这样一个集万千宠爱、繁华于一身的女子，定然会为了繁华而生，亦为繁华而存在。然而，非也。

她的生活亦充满了各种不安定。

她承受的，依然是平常人家的那种平淡生活。

不过，难能可贵的是，她始终会在被生活击倒后奋力起身，继续奔跑。纵观她的生活，很具备现代人追捧着的"鸡汤文的料"：被生活击倒，还要继续奔跑。

这个有着高贵出身、散发着浓郁香气的魅力女子，确实是将自己活成了一个顶级的正能量女神。

她所处的那个乱世，让她和思成不断地走在避难的路上。落脚的地方，经常是只有几十户人家的小村子，租住的农舍简陋至极，若是下雨天，必是外面大雨，屋里小雨，老鼠和蛇还经常来光顾，更甚连水都必须到村外的水塘去挑。

即使在这样的陋室，徽因竟以万能高手的姿态将所有的一切安排得妥妥当当。她，这个名门闺秀，这个从繁华里走出来的富家小姐，竟然在那段时间将自己生生锻造成"男人"——自己爬上房顶修葺房子，俨然成了一个地道的农村妇人。

她自己亦曾描述过那时的光景："我是女人，理所当然变成一个纯净的'糟糠'典型，一起床就洒扫、擦地、烹调、洗衣、铺床，每日如在走马灯中过去。然后就跟见了鬼似的，在困难的三餐中间根本没有时间感知任何事物，最后我浑身疼痛着呻吟着上床，我奇怪自己干嘛还活着。这就是一切。"

思成对这一段经历也颇有感触："在菜油灯下，做着孩子的布鞋，购买和烹调便宜的粗粮，我们过着我们父辈在他们十几岁时过的生活但又做着现代的工作。有时候对着外国杂志和看着现代化设施的彩色缤纷广告真像面对奇迹一样。"

然而徽因并不觉得这是苦，更不曾抱怨消极过，而是用心感悟着幸福，用灵魂诠释这平淡的生活。

她，是那种总能在苦难中振作的人。

那时，她总是会把两间简陋的房子收拾得干干净净，也经常会从田野里采来鲜花插在窗台上的玻璃瓶里，她与邻里百姓之间更是相处得像亲人，似朋友，许多人愿意靠近她，并向她讲述他们的故事、他们的快乐，更有人还时不常地将他们拥有的视为"稀缺的物品"赠送给她。

如此，她因灵魂的高贵而将生活的平淡赋予了香气四溢的鲜活和美满。

二

在令人眼花缭乱的社会，到处都充满着诱惑，很容易让人陷入迷失。如何保持真我，其实真的是个修炼里的段数问题。

徽因，可以在那时的岁月里，放下曾经的繁华，放下自己的身段，认真地过生活，实在是个关乎灵魂素养的问题。若非她可以在那段艰苦的岁月里抛却过往，放下身段，怎会成为日后那个让万千人爱慕的女神？

也是，千般万般的繁华，到头来终是过眼云烟而已，所有经历皆成过往，留不住，空余恨。平淡，才是最真切的生活。繁华来时不拒绝，宠辱不惊接受即可，如此，当繁华落尽，才能全身而退。因为生活更多的样子是平平淡淡。诚如大家常说的，平淡才是人生最深的滋味。

亦有人说，最好的女子，是能经得起繁华，归得起平淡的。

想来那时日的徽因，亦如此。

一九四五年，日军侵略者无条件投降，多年的战乱终于得到平息。

就是在这一年，徽因才得以好好检查自己的病体。是思成陪着她去的，在重庆。也即是那时，大夫悄然告诉思成，徽因将会不久于人世。思成听后悲戚不已，然又不忍让徽因知道实情，因而将此秘密一个人私藏，为此他苦痛不堪。

而这时的徽因，已然整整卧病四年之久，容颜早已不见当初的风华绝代，形销骨立的样子，让人心疼不已。然而，她却并不以此博取任何依赖，而是一直不肯向命运低头，怀有着一颗坚忍不拔的心坚守着自己挚爱的事业与文字。

懂她的，莫若和她耳鬓厮磨的丈夫思成。他是深知，她若知自己时日不多的话，定是会提前预支时光，提前消耗更多的生命。

不告诉她，是一种最深的深爱。

幸得上苍眷顾，在医生诊断她时日不多后，她竟还在这世间存活了十年之久。

十年，光影如梭，对普通人而言是短暂的，但对徽因而言却是难能可贵了。也就是在这十年，日渐成熟后的徽因将人生过得更充实。事业上，她取得了很多成就；文学上，她写出了那么多那么多惊艳世人的诗句。

这个被香气浸染了灵魂的美好女子，真真是吸引万千。

她，热爱生命，那么那么的热爱，这让她无法轻易辜负任何一个人、日子、事业……

万水千山里，她甘愿为这红尘赴汤蹈火，在所不辞。

许多人爱上她，绝不仅仅是因为她的才情，她的美貌，她的成就，而是因为她那高贵的灵魂。这灵魂香气馥郁，散发出的全然是优雅的气韵，骨子里的坚定，以及翻云覆雨手般的让生活始终沐浴在苍翠葱茏的美好里。

是的，在她的人生字典里，绝不会有"错过"这两字，她更不允许自己提前凋零，即便病着，她的精气神依然是充沛的，如花绽放着。所以，她在身体允许的情况下不断奔走，赶赴一场又一场的春光四溢。

这个积极向上若向日葵般的女子，曾写过一首《人生》：

人生

你是一支曲子，

我是歌唱的；

你是河流

我是条船，一片小白帆

我是个行旅者的时候

你，田野、山林，峰峦。

无论怎样，

颠倒密切中牵连着

你和我，

我永从你中间经过；

我生存，

你是我生存的河道，

理由同力量。

你的存在

则是我胸前心跳里

五色的绚彩

但我们彼此交错

并未彼此留难。

……

现在我死了，

你，——

我把你再交给他人负担！

被疾病折磨纠缠许多年的徽因，在字句间流露出的情绪，却让我们看不到任何消极之意。

在她的世界里，人生始终是一支曲子，而她始终是那个孜孜不倦的歌者。伤痛也好，快乐亦好，她永远都在歌唱，不带哀怨，嘤嘤软语。

所以，世人皆记住了她这个歌唱的女子，即便她早已离世，然而，她的带着香气的灵魂始终生生不息地活在大家的心中。

做个精致的女子

一

人生如棋，人生如酒，人生如梦，人生如戏……在这变幻莫测的人生里，每个人都只是在既定的命运里演绎着自己，即是主角，亦是配角，或浓烈，或淡雅，所有的人生回头来看大抵如此。

如何在这样的人生里演出得异彩纷呈，便皆视个人而定了。

在人生的路上，女子最需要学会的是让自己走的精致。衣橱里有多少衣服，不是最重要的，名牌与否，亦不是最重要的，重要的是一定要有好的质地。诚如人生，重要的不是有多漂亮，而是一定要学会独立，获得精神的、物质的独立。只有如此，你才不必处处依赖他人，你才不会处处赔小心，才可以真正地好好爱自己，让自己强大起来。这样的你，亦最具有魅力，吸引万千。

一如我们爱慕着的徽因。

萧乾的夫人，著名作家文洁若曾在《才貌是可以双全的——林徽因侧影》中写道："林徽因是我平生见过的最令人神往的东方美人。她的美在于神韵——天生丽质和超人的才智与后天良好高深的教育相得益彰。"

才华横溢，倾倒众生的徽因，确实是精致女子的最好模样。

比如，在"太太的客厅"里，她的观点、见解之独特，往往会让到场的人记忆深刻，如影而随，令人欲罢不能。凡参与了她的聚会，会后忆起，还犹如吃了一次美味的精神食粮。亦有人不由得感慨，这个具有激情、才华、创造力的女子，在中国这个讲究四平八稳的传统社会里，就如同一颗夜空中最闪亮的星，让人高山仰止。

能具备这样魅力的女子，是非精致而不能胜任的。

这个吃五谷杂粮、过凡尘人生的女子，最强大的地方在于，不是单纯的高冷、精致，她精致的接地气，精致的温暖而贴心。她，可以恰到好处地处理好各种关系和事务，更能好好地守护住那个可爱难得的自我。

一个精致的女子，永远是美的化身，她会用自己对生活的炽热情怀感染他人。

且看，爱慕她一生的男子金岳霖曾如此坦言过："我所有的话，都应该同她自己说，我不能（与别人）说，我没有机会同她自己说的话，我不愿意说，也不愿意有这种话。"在这位大哲学家的一生里，精致的徽因早已根深蒂固地，如影、如烙印，完美地深藏于他的内心。

她，确实是许多人心里那个最美、最有风度的女子。

她，瘦小的、娴静的身躯里，始终能迸发出最强的光和热……

她，从不消极，在任何困境、逆境中，皆始终保持积极向上，自立自强地做好自己，不抱怨、不愤怒，顺应生活的所有既定及给予，永远心态平和地接受，并努力行走。因为她明了，永远珍惜生活，永远热爱生活才是最真实地活着。

就此，无论男女，无论老幼，皆在她的一举一动、一言一行中感应到丰盈至极的美感、热情和生命力。

这样的女子，才真真是精致的女子。

二

如何，才能成为徽因这般精致的女子呢？

人说，随着年龄的增长，女人的风姿就如指尖沙，越想握住，越会从指缝快速溜走。

所以，做一个精致的女子有多么重要，不言而喻。

精致的女子，一定要拥有的是底蕴和魅力，是那种于举手投足间，从容、自信、淡泊，拥有如棉花糖一般由内而外的美好气质。即所谓的内外兼修。

是的。精致的女子，是一种柔到极致之后的成熟。

精致，绝对跟漂亮无关，而是和气质有联。

漂亮的女人，不一定是精致的女人，但精致的女人，个个都有其独有的气质，跟富贵无关，和修养相关。

一个生活在上流社会的女子，有时真真是会让人觉得俗不可耐，然而一个寻常女子，只要精致，就会处处散发光彩耀目的知性之美。

精致，更非外在的光华，更重要的是一种内在的气质魅力。

若是要做个精致的女子，就要似徽因这般懂得巧妙安排生活和事业，懂得规划自己的人生，懂得给予自己所爱之人和身边的朋友以和谐、温暖。

所谓收放自如，所谓进退皆宜，才是一个女子最精致的一面。

但是，要谨记的是，作为女子，一定要懂得如何打扮自己，虽不要浓妆艳抹，但是也绝不能素面朝天。只有妆容精致得体，女子的自信才可从外表到内心自然而然地散发开来。就此，女子才似醇酒，芳心馥郁。

还要谨记的是，做个精致的女子，还须懂得如何走在时尚的前沿，似徽因那样，成为属于一个时代的时尚，独一无二，绝不盲目跟风。

精致的女子，坚守"清水出芙蓉，天然去雕饰"，不随波逐流，却也不哗众取宠，更不故作矜持。可有傲骨，可崇尚物质，但绝不拜金。

另外，精致的女子，一定是内外兼修，深具魅力。所以，首先要养成读书的好习惯。

读书，不是为了取悦任何人，亦不是为了在商战上拼杀，更不是为官谋权，而是为自己的内涵注入鲜活，更好地陶冶情操，提升内在的气质和涵养，锻造最娴雅的淑女气韵。

其次，要有独立自强的品格。

独立、自强，不抱怨，不恃宠而骄，如此才能赢得别人，包括至亲之人的尊重。不管男人如何成功，也要拥有一份自己的事业，做全职太太是最不爱自己的表现。

想想徽因，学贯中西的她，虽为一个建筑学家，却可在文学方面取得卓越的成就。

她有独立的事业，亦可学识渊博。汪曾祺曾如此称赞她："她是学建筑的，但是对文学的趣味极高，精于鉴赏，所写的诗和小说如《窗子以外》《九十九度中》，风格清新，一时无二。"

确也如此，她一生著作虽不多，却是"篇篇珠玉"。

似徽因这样的气韵，是为内在的精致，散发着的是一种莲花自开的清香，不为迎合，只做自己，全部身心都体现了对生活的不紧不慢的从容。

忘记从哪儿看到过这样一句话，说是"作为女人，你必须精致。这是女人的尊严"。是呀，看精致女子徽因的一生更可证明这一点。在她那个时代，虽然名媛颇多，但论魅力，却几无一人可以盖过她。或许，就在于她是真正精致、有内涵的女子吧。不是靠容颜倾城获得，亦非技艺精湛，而是实在在的人格魅力——始终保持着一种精致至极的姿态。

曾经在"知乎"上看有过这样的帖子：一个女孩要怎样才算得上精致？

有一个精辟精妙至极的回答是"慎独"。

好一个"慎独"，只两个字便道出了精致的最高境界，即深入骨髓的教养。也是，一个人若是能够理性自觉地控制自己的欲望，便可出色地走完人生中的每一步，且步步精致。更可由着这精致的灵魂，不被贫穷、逆境影响，不被生活打败。

"有忍有仁，大家闺秀犹在。花开花落，金枝玉叶不败。"这是写给那个同样是为民国精致女子郭婉莹九十岁逝世时的挽联，世人皆说这是对那时民国大家闺秀骨子里精致的最好解释。

对此，我深深认同。

是的，一个女子的精致，一定是活出了自己的姿态，如此才能慢慢长成自己最好的样子，从骨子里散发出高贵气质。

最美，做自己

一

创造了具有鲜明个人特色，处处流露着夸张、性感，书写着对梦想写意的奢侈帝国的范思哲，如此说过："只有真实地做自己，才是最美的。"

也是，不隐匿，真实地活在阳光下，才可以向着太阳热烈地生长。

徽因，从来都是如此。

她，应是那个时代活得最自在的女子，她说过："我认定了生活本身原质是矛盾的，我只要生活；体验到极端的愉快，灵质的，透明的，美丽的近于神话理想的快活。"

她亦说过："我的主义是要生活，没有情感的生活简直是死，生活必须体验丰富的情感，把自己变成丰富，宽大能优容，能了解，能同情种种'人性'。"

所以，在有生之年里，徽因始终是一个精神自由的人，内心亦永远都未曾向世俗屈服过。

亦有研究者如此描述过她的生活面貌："她从来没有把自己的时间浪费在无聊的事情上，也没有因为需要抚养儿女、支持丈夫、操持家务就放弃自己的专业和追求；也从没有忘记过自己心灵的追求；也没有屈服于社会、他人的舆论而放弃自己的生活方式。"

是的，做自己，才能成为最好的自己。

且看她，在做好妻子和母亲时，未曾放弃过对心灵的追求，由此，她所获更多。在成为一个好妻子、好母亲的同时，她亦收获了更多的事业和爱好。

她的生活就此丰盈若珍珠，光耀而高贵。

诚如她在散文《窗子以外》中所认识到的："所有的活动的颜色、声音、生的滋味，全在那里的，你并不是不能看到，只不过是永远地在你窗子以外罢了……坐在窗子以内的，不是火车的窗子，汽车的窗子，就是客栈逆旅的窗子，再不然就是你自己无形中习惯的窗子，把你搁在里面。"林徽因笔下的"窗子"，其实就相当于"围城"。

每个人的生活状态都有相似之处，都会有困扰存在，然而如何走出来，便要看个人了。做不做自己，在于认知高低，亦在于有勇气与否，就看你如何抉择了。

在追求做自己的道路上，徽因也是有瓶颈的，在给好友费慰梅的一封信中，她曾如是写道："晚上就寝的时候我已精疲力竭，差不多希望我自己死掉或者根本没有降生在这样一个家庭，虽然我知道我实际上是一个快乐和幸福的人。"然而，她是擅长调节的人，懂得在"精疲力竭"时如何跨越过去。

这，靠的是勇气，亦是对生活的无比热爱。

原本，她可以有足够的理由放弃或者暂时放弃在事业上的追求，让自己活得更轻松一些，然而高贵的灵魂是不允许她如此怠慢的。既然食人间烟火，就应学会在凡俗世事里烦恼、忙碌、承受，学会担当与继续。

正是这份向上的拼劲，支撑着一身病痛的她从 1930 年到 1945 年的 15 个年头里，与思成携手走过中国的 15 个省、两百多个县，考察测绘了两百多处古建筑。这个过程不仅颠沛，亦很艰难，然而，她对此不以为意，更多的是苦中作乐，可把建筑形容为"凝固的音乐""石头的史诗"。

她，满怀诗意地走过这片片荆棘。

她，亦有《山中》这一美好的诗篇描述那时的路途。

紫色山头抱住红叶，将自己影射在山前，
人在小石桥上走过，渺小的追一点子想念。
高峰外云在深蓝天里镶白银色的光转，
用不着桥下黄叶，人在泉边，才记起夏天！

也不因一个人孤独的走路，路更蜿蜒，
短白墙房舍像画，仍画在山坳另一面，
只这丹红集叶替代人记忆失落的层翠，
深浅团抱这同一个山头，惆怅如薄层烟。

山中斜长条青影，如今红萝乱在四面，
百万落叶火焰在寻觅山石荆草边，
当时黄月下共坐天真的青年人情话，相信
那三两句长短，星子般仍挂秋风里不变。

一九三六年秋

以最努力的姿态，坦然地接受上天安排的一切；以最勇敢的方式，一直拼下去，纵使酸甜苦辣亦多，都吃成甜甜的糖。

女神徽因，是对此最好的诠释。

二

人常说："男人本来爱的是不食人间烟火的神仙女子，可最终却是娶的会做饭的女子，因为男人总要吃饭；女人心里爱的分明是满腹经纶的才子，可最后嫁给的男人却是财主，因为女人总要花钱。"

人世之中，谁都是饮食男女，要如何做才能活成一个例外，活出最美的自己，是需要修得千年的功夫的。

比如，徽因。

像她这样的女子，身兼数职，不单单是一个妻子，亦不单单是一个作家，更不单单是一个建筑学家，而是一个焦点，一个两大显赫家族的中心。对于她而言，做自己始终是一件不简单的事情。更何况，她在做自己的同时，还要扮演好自己担当的各种角色。

有那么一段时间，她也陷入了苦恼——

当时，徽因正在经历着她可能是生平第一次操持家务的苦难。并不是她没有仆人，而是她的家人包括小女儿、新生的儿子，以及可能是最麻烦的，一个感情上完全依附于她的、头脑同她的双脚一样被裹得紧紧的妈妈。中国的传统要求她照顾她的妈妈、丈夫和孩子们，监管六七个仆人，还得看清楚外边来承办伙食的人和器物，总之，她是被要求担任法律上家庭经理的角色。这些责任要消耗掉她在家里的大部分时间和精力。

……

她在书桌或画板前没有一刻安宁，可以不受孩子、仆人或母亲的干扰。她实际上是这十个人的囚犯，他们每件事都要找她做决定。当然这部分是她自己的错。在她关心的各种事情当中，对人和他们的问题的关心是压倒一切的。她讨厌在画建筑草图或者写一首诗的当中被打扰，但是她不仅不抗争，反而把注意力转向解决紧迫的人间问题。

……

这是挚友费慰梅在《梁思成和林徽因——一对探索中国建筑的伴侣》中写下的文字。

显然，与所有已婚女子一样，她的时间被爱人、孩子、家人以及各种家庭事务消耗着。不过，她最值得其他女子学习的一点是，在面对如潮水般问题的时候，责任心使然，她没有选择逃避，更没有被折腾得焦头烂额。聪慧若她，理智若她，像个巧手能匠将一切问题细筛，理清哪些是重点，哪些是急迫需要解决的问题，于是，所有的事情都在她的巧手下一一得解。

这样的她，是最真实美好的。

最妙的是，她在处理感情问题时的恰到好处。

在志摩逝世四周年时，她写下了充满思念的散文《纪念志摩去世四周年》，有文字如此："但是我却要告诉你，虽然四年了你脱离去我们这共同活动的世界，本身停掉参加牵引事体变迁的主力，可是谁也不能否认，你仍立在我们烟涛渺茫的背景里，间接地是一种力量，尤其是在文艺创造的努力和信仰方面……你并不离我们太远。你的身影永远挂在这里那里，同你生前一样的飘忽，爱在人家不经意时苫至，带来勇气的笑声也总是那么嘹亮，还有，经过你热情或焦心苦吟的那些诗，一首一首仍串着许多人的心旋转。"

对昔日的恋人，她的字句间可见满满的热情，以及浓浓的思念之情。对志摩的情感，她并非吝啬，亦不假惺惺地隐藏。她，真挚流露，心中始终存着一份真。

这样真的她，更是换得了丈夫思成的美赞，并获得了他"文章是老婆的好，老婆是自己的好"的至高认可。思成还对她说过："拉斯金的演讲词中说：'真正的妻子，她无论走到什么地方，家便围绕着她出现在什么地方……'对于我来说，你就是我的中心，你在哪里，我就要跟随着你去哪里，你在哪儿，我们的家就在哪儿。

你就像是我的心灯，让我再也不是孤单一个人面对黑夜了。"

得如此夫君，怪不得有人说"众里识得他并与他在一起，是她一生最聪慧的选择"。

夫君如此，朋友亦如此。

沈从文说她是"绝顶聪明的小姐"。萧乾称她是"聪慧绝伦的艺术家"。费慰梅则认为，她"能够以其精致的洞察力为任何一门艺术留下自己的印痕"。甚至连冰心也说："她很美丽，很有才气。"

而在孩子们眼里，"她是一位用对成年人的平等友谊来代替对孩子的抚爱的母亲"。

要我说，她只是做了真正的自己。

让自己，很好地活在当下

一

热爱生活的徽因，应是将"活在当下"的阳光心态谨记于心的。

在她的人生岁月，始终活得有理想、有智慧、有尊严，从来都是在做生活的主人。

纵观她的一生，皆怀着"活在当下"的积极心态，若向日葵一般，让心灵不断地净化、升华。这，绝对是一个直面自己、直面生活的果敢的好心态。勇敢、且真诚着。

也是，人生真该如此地过。试想，流年似水，往往只消一个转身即隔世纪，只消一个刹那，一生光影便会烟消云散。所以，生即当好好过，不辜负任何一段时光，且将任何一段好时光都过成最好的时光。

恰似徽因这般。

要知道，在她的生活里，从来都无需询问山河岁月，因为她的心总在守着春天的光华，绿意盎然地伫立在那里。四季流转，聚散有时，聪慧的徽因总可让自己在车水马龙里辟得一片静好。所以，她的生命里虽然亦有许多残缺，但是她自己呈现出来的却全然是花好月圆的一面。

在时间的荒原里，她始终桃花依旧，笑看春风，美好在那里。

这，也是女神徽因教给我们的。

——人生需要留白，残缺亦好，也是另一种美丽，粗茶淡饭亦是一种幸福。生活本就不会一帆风顺，所以无论日子过得多颠沛流离、多窘迫艰辛，都要从容地走下去。活在当下，最重要，如此才可以不辜负这一世的韶光。

一九四九年，北平解放，是年四十五岁的徽因被聘为清华大学建筑系一级教授。此刻，她的事业可谓如日当天，然而生命却若夕阳一般，多年的病痛已然将她折磨得瘦骨一身。不过，她心态向上，并不因此就怠慢了生活。她，积极地应聘，交付最大的热情在事业上。

在这一年，她还以极大的热忱担任了设计国徽的重任。以一弱女子在诸多学术专家中脱颖而出，当真是巾帼不让须眉，要知道，当初有多少人梦寐以求想参与进来。

在钻研国徽设计的当儿，好强的她，始终活在当下的她，不顾自身病痛，废寝忘食地工作。对她来说，这一生的无数殊荣，都敌不过设计国徽这件事。所以，她必然全力以赴，就算让她预支将来的时光，亦在所不惜。

回报，总是馈于辛勤付出的人。

次年，历经三个多月的努力，国徽设计图案终于完成，并在中南海怀仁堂进行评选。最后，周总理在经过广泛征求意见后，选中了徽因参与的清华小组的设计图案。

同年，她被邀请参加全国政协一届二次会议。

九月三十日，中央人民政府主席毛泽东发布国徽图案命令，一切终尘埃落定。

如此硕果，于她而言是为人生的又一圆满。

尽管她的身体是病骨瘦身，然而人生却如繁花绽放。是年，她还被任命为北京市都市计划委员会委员兼工程师，并提出修建"城墙公园"的美好设想。

有人说，若只读她的诗，眼前浮现的定是一个清秀娉婷的温婉女子。她无一丝锋芒和睿智，有的全是娴雅和轻灵，不染尘烟，如清水芙蓉一般，身在深闺，与花草相伴，过诗书人生。然而，世事中的她不似我们想象，她始终信奉活在当下，她挚爱人间烟火，真诚地融入世俗，为热爱的事业献身。

或许，正因为如此，她才可以如此地出类拔萃于那时的女子，成为那皓月星空里最亮的星。

二

徽因，绝对是真正的才女。

在设计方面，她始终具备独到的眼光和超凡的见解。有人说，她的成就，一半是缘于她的努力，然而更多的则是她骨子里的灵性。

的确如此。读她的诗歌，看她的设计作品，无不流溢着一份浓稠得化不开的灵气和飘逸之美。正如她的人一般，始终散发着优雅的气韵，凡靠近者，皆可感应到如春风般拂过心田的静好。

这，便是她活在当下的最好的诠释。

她，是女神，却绝非不食人间烟火，远在不可触摸的天边。

而是始终活在当下，吃五谷杂粮，行世俗凡事。接地气，有自我，美好似一朵白莲，馨香在每个人的心间。

我始终深信，能活在当下的女子，皆是完美的女子，皆能活出一个自我的美好的样子。如此，是为对自己的一种圆满的成全。

诚如，始终活得努力的女神徽因。

后来的几年，珍惜生活的徽因将所有的精力都付诸于事业。不再沉浸于虚无的风花雪月，不再计较成败得失。她，已深觉迟暮之感，尽管她还只有四十几岁，然而经年的病痛早已让她倍感心力不足。此刻，她最想做的，就是让自己在迟暮中开出最绚烂的花朵。

她，不舍得再浪费一丝光阴。

一九五一年，抱病在身的徽因为了濒临停业的景泰蓝传统工艺，和高庄、莫宗江、常莎娜、钱美华、孙君莲等人一起深入到工厂做研究调查，为此还专门设计了一批极具有民族风格的新颖图案。是年，这批印有她设计图案的景泰蓝，成为亚洲及太平洋区域和平会议、苏联文化代表团最喜爱的礼品。

一九五二年，她被任命为人民英雄纪念碑建筑委员会委员。当时，她的身体状况已然很糟糕，身边的许多亲友都劝她歇息一下，好好养病，然而固执的她觉得生命在于参与，依然抱病参与设计。

同年五月，为了迎接即将到来的建设高潮，她和思成一起翻译了《苏联卫国战争被毁地区之重建》一书，为国家建设提供了借鉴。而后的日子，她更是繁忙不已，应杂志之约在极短的时间里撰写了《中山堂》《北海公园》《天坛》《颐和园》《雍和宫》《故宫》等一组介绍我国古建筑的文章。

如此大的工作量，即使健康人也是吃不消的，何况她。

她之努力，真真让人叹服。

怪不得有人会如是感叹道：

"女神是轻松做得的么？她们光洁的脑门儿上都凿着三句话：

Never give up!

Always try hard!

Make every one happy！"

是的，每个女神都活得无比努力。所有幸福，抑或成就，绝非唾手可得，皆需经过万千风雪。

活得漂亮，亦有教养，绝对是竭尽全力的付出才能获得。

一如，我们始终努力地向上而活的女神——徽因！

她，是永远的人间四月天

一

徽因的一生，是令人仰慕的。

她，虽然活在红尘，但是凭那有香气的灵魂，她始终给人一种高贵气质的印象，让人爱慕不已。

曾有这样的句子将她形容："林徽因向来是一个群体的中心，不管是远远向往着的群众，还是登堂入室加入她沙龙的客人，我们得到的画像总是一群男人如壁脚灯一样地抬头仰望她，用柔和的光线烘托她，愈发显得她眼波灵转，顾盼生姿。"

她的魅力，是骨子里的与生俱来，亦是后天努力锻造的。

她，赏阅人世繁华万千，却总可静若处子，永远美好在水一方。即便是在战争时期，她困居一隅，穿着朴素，拎着瓶子上街买油买菜，仍可被无数爱慕者捧若星辰。

一九五三年十月，林徽因当选为第一届中国建筑学会理事会理事，并任《建筑学报》编委。

一九五四年，林徽因当选为北京市人民代表大会代表。

那年，她五十岁了，但病痛依然没有饶过她。虽然她因不抵郊外的风寒，由清华园搬到城里，但不久，病情还是严重了。

时值萧瑟的深秋，她住进了同仁医院。

这个被封印在人间四月的女子，终究还是于某一天，步入到世人皆不愿意目睹的地方。

这些年，她一直用坚强来抵抗病痛，终还是累了。年岁毕竟不饶人，五十年的韶华，于健康人而言已然吃力，更何况她拖着满是病骨的身子。她，已无法再似过往那般，即便病痛卧床，依然还用手中那支笔不断地耕耘，即便严重到整整四年卧床不起，她依旧创作了许多许多的诗，还为古建筑写下了那么多重要的学术报告和书籍。

她在一生里，绝对不会将放弃提上日程，任何丁点儿放弃、妥协，都会被她视为对人生的辜负。

萧乾先生对此写得最贴切，他在《才女林徽因》一文中写道："听说徽因得了很严重的肺病，还经常得卧床休息。可她哪像个病人，穿了一身骑马装……她说起话来，别人几乎插不上嘴。徽因的健谈绝不是结了婚的妇人的那种闲言碎语，而常是有学识、有见地、犀利敏捷的批评。她从不拐弯抹角、模棱两可。这种纯学术的批评也从来没有人记仇。我常常折服于徽因过人的艺术悟性。"

这样的女子，既才貌双全，又如此努力，世间无多，我熟知的亦只她一人。

她，毅力非凡，最后的十年光景，虽然身体状况糟糕，然她却不是在病榻上度过的，事实上，以她的性情她是不会允许自己这样度日的。在这十年里，她用自己的毅力、乐观、豁达创造了生命里最后的传奇。

在纷繁的尘世里，她写过这样的诗句——《时间》：

人间的季候永远不断在转变

春时你留下多处残红，翩然辞别，

本不想回来时同谁叹息秋天！

现在连秋云黄叶又已失落去

辽远里，剩下灰色的长空一片

透澈的寂寞，你忍听冷风独语？

在时间的流逝里，谁都要翩然地辞别的。碧云天、黄叶飘零的清秋里，她比谁都知道自己时日无多，但她早已淡然，泰然处之。

草木枯荣、圆月有缺，人生之聚散总有之。只要这一生无悔，还怎会有憾事在心头？

想她这流去经年，从未真正有过寂寞。少时有志摩对她百般爱恋，后有思成对她疼爱有加，更有金岳霖一生对她不离不弃；而她的诗文亦成为那个时代文坛上耀眼的星辰，事业呢，更是拥有了那个时代许多女子都不曾享有的荣光。

她，这一生最是无悔。

她那若花绽放的一生，更是永不会凋谢。

她，始终活在世人的心中，傲然在那里任万千人仰慕。且皆高山仰止般地爱慕着她。

二

那日，徽因在病房里做了个梦。

梦见天空下了一场雨。醒来，她脆弱地哭了。雨后，万物皆可重生，可唯独人不成。老去的容颜，将永远老去，无可再重拾，于是，她写下这首《雨后天》。

> 我爱这雨后天，
> 这平原的青草一片！
> 我的心没底止的跟着风吹，
> 风吹：
> 吹远了香草，落叶，
> 吹远了一缕云，像烟——
> 像烟。

这是她赋的诗，她已明了，这之后的世界将趋于平静，一切曾拥有的鲜花、掌声都行将散场。再多的璀璨，亦若烟火般瞬间幻灭。

病重的她，突然提出和张幼仪见一面。

和志摩的过往，这么多年她未曾提及，然而在生命的最终她不想再隐没。善缘也好，孽缘也罢，总之是缘分。

对于张幼仪，她心中始终是怀有歉意的。尽管，志摩从未曾爱过张幼仪，然而若是自己不出现，或许志摩不会那么决绝地转身抛她而去的。因此，在生命的最后，她仍是要亲口对张幼仪说一声抱歉的。

后来，张幼仪在自传中说到这次见面："一个朋友来对我说，林徽因在医院里，刚熬过肺结核大手术，大概活不久了。做啥林徽因要见我？要我带着阿欢和孙辈去。她虚弱得不能说话，只看着我们，头摆来摆去，好像打量我，我不晓得她想看什么。大概是我不好看，也绷着脸……我想，她此刻要见我一面，是因为她爱徐志摩，也想看一眼他的孩子。她即使嫁给了梁思成，也一直爱徐志摩。"

或许吧，世间情爱最是无是非可鉴。

张幼仪走后，她不愿也不想再见谁。她，是真的累了，擎着坚强走过这一生，其间冷暖自知，这一刻，仅这一刻她开始渴望一个人的世界，世间再喧哗，也已与她无关。

她，要做最真实的自己。

停止颠沛，不累于外物，只与自己和解。

珍视生命，热爱生活，挚爱人间四月天的她，上苍亦待她满蓄情怀，给了她一段美丽的最后时光。她，终度过了寒冬，来到了温暖的四月天。一树一树的花开了，云儿飞、鸟儿鸣，阳光和绿意充盈，于恍然间，她找到了灵魂的归宿。

一切尘归尘，土归土，浮生尘世再无执念。

一九五五年四月一日，她病逝于北京同仁医院。是年，五十一岁。

四月二日，《北京日报》发表讣告，治丧委员会由张奚若、周培源、钱端升、钱伟长、金岳霖等十三人组成。最伤心的，莫过于从未将她真正拥有的金岳霖了。这个守护了她一生的男子，自此以后，唯有依靠稀薄的回忆来走完余生。思成在徽因去世不久就娶了别人，而金岳霖却是为了徽因终身不娶。

孰是最爱她的男子，自是无法深辨。

他，亦曾有这样的挽联："一身诗意千寻瀑，万古人间四月天。"无法说，在爱她的三个男子之中，谁是最爱她的人，然而最深懂她的，唯有金岳霖，再无他。一句"一身诗意千寻瀑，万古人间四月天"是对徽因诗意美丽的一生最贴切的描述。

只是可惜的是，他情动的一生终未曾真正拥有过。

想来，不免让人泪湿。

世事，便是如此吧。得曾未有，皆有宿命。

记起她写过的臻美的诗句：

"我说你是人间的四月天；笑响点亮了四面风；轻灵，在春的光艳中交舞着变。"

或许，这个女子生来就是人人眼眸流转中的"人间四月天"。

志摩的，思成的，金岳霖的。

事实上，亦是我们所有人的。

附录
林徽因
最美诗歌精选集

你是人间的四月天

—— 一句爱的赞颂

我说你是人间的四月天；

笑响点亮了四面风；轻灵

在春的光艳中交舞着变。

你是四月早天里的云烟，

黄昏吹着风的软，星子在

无意中闪，细雨点洒在花前。

那轻，那婷婷你是，鲜妍

百花的冠冕你戴着，你是

天真，庄严，你是夜夜的月圆。

雪化后那片鹅黄，你像；新鲜
初放芽的绿，你是；柔嫩喜悦
水光浮动着你梦期待中白莲。

你是一树一树的花开，是燕
在梁间呢喃，——你是爱，是暖，
是希望，你是人间的四月天！

深夜里听到乐声

这一定又是你的手指，

轻弹着，

在这深夜，稠密的悲思；

我不禁颊边泛上了红，

静听着，

这深夜里弦子的生动。

一声听从我心底穿过，

忒凄凉

我懂得，但我怎能应和？

生命早描定她的式样，

太薄弱

是人们的美丽的想像。

除非在梦里有这么一天，

你和我

同来攀动那根希望的弦。

情愿

我情愿化成一片落叶，
让风吹雨打到处飘零；
或流云一朵，在澄蓝天，
和大地再没有些牵连。

但抱紧那伤心的标帜，
去触遇没着落的怅惘；
在黄昏，夜半，蹑着脚走，
全是空虚，再莫有温柔；

忘掉曾有这世界；有你；
哀悼谁又曾有过爱恋；
落花似的落尽，忘了去
这些个泪点里的情绪。

到那天一切都不存留，
比一闪光，一息风更少
痕迹，你也要忘掉了我
曾经在这世界里活过。

仍然

你舒伸得像一湖水向着晴空里
白云，又像是一流冷涧澄清
许我循着林岸穷究你的泉源；
我却仍然怀抱着百般的疑心
对你的每一个映影！

你展开像个千瓣的花朵！
鲜妍是你的每一瓣，更有芳沁，
那温存袭人的花气，伴着晚凉：
我说花儿，这正是春的捉弄人，

来偷取人们的痴情！

你又学叶叶的书篇随风吹展，
揭示你的每一个深思；每一角心境，
你的眼睛望着，我，不断地在说话：
我却仍然没有回答，一片的沉静
永远守住我的魂灵。

那一晚

那一晚我的船推出了河心，
澄蓝的天上照着密密的星。
那一晚两岸里闪映着灯光；
你眼里闪着泪，我心里着了慌。
那一晚你的手牵着我的手，
迷惘的星夜封锁起重愁。
那一晚你和我分定了方向，
两人各认取个生活的模样。

到如今我的船仍然在海面飘，

细弱的桅杆常在风涛里摇。
到如今太阳只在我背后徘徊
层层的阴影留守在我周围。
到如今我还记着那一晚的天
星光、眼泪、白茫茫的江边！
到如今我还想念你岸上的耕种：
红花儿黄花儿朵朵的生动。

那一天我希望要走到了顶层，
蜜一般酿出那记忆的滋润。
那一天我要跨上带羽翼的箭，
望着你花园里射一个满弦。
那一天你要听到鸟般的歌唱，
那便是我静候着你的赞赏。
那一天你要看到零乱的花影，
那便是我私闯入当年的边境！

谁爱这不息的变幻

谁爱这不息的变幻，她的行径？

催一阵急雨，抹一天云霞，月亮，

星光，日影，在在都是她的花样，

更不容峰峦与江海偷一刻安定。

骄傲的，她奉着那荒唐的使命：

看花放蕊树凋零；娇娃做了娘，

叫河流凝成冰雪：天地变了相；

都市喧哗，再寂成广漠的夜静！

虽说千万年在她掌握中操纵，

她不曾遗忘一丝毫发的卑微。

难怪她笑永恒是人们造的慌，

来抚慰恋爱的消失，死亡的痛。

但谁又能参透这幻化的轮回，

谁又大胆的爱过这伟大的变换？

香山，四月二十日.

莲灯

如果我的心是一朵莲花，
正中擎出一支点亮的蜡，
荧荧虽则单是那一剪光，
我也要它骄傲的捧出辉煌；
不怕它只是我个人的莲灯，
照不见前后崎岖的人生——
浮沉它依附着人海的浪涛
明暗自成了它内心的秘奥。
单是那光一闪花一朵——
像一叶轻舸驶出了江河——

宛转它飘随命运的波涌

等候那阵阵风向远处推送。

算做一次过客在宇宙里，

认识这玲珑的生从容的死，

这飘忽的途程也就是个——

也就是个美丽美丽的梦。

别丢掉

别丢掉

这一把过往的热情，

现在流水似的，

轻轻

在幽冷的山泉底，

在黑夜，在松林，

叹息似的渺茫，

你仍要保存着那真！

一样是月明，

一样是隔山灯火，

满天的星，

只使人不见，

梦似的挂起，

你问黑夜要回

那一句话——

你仍得相信

山谷中留着

有那回音！

二十一年夏

秋天，这秋天

这是秋天，秋天，

风还该是温软；

太阳仍笑着那微笑，

闪着金银，夸耀

他实在无多了的

最奢侈的早晚！

这里那里，在这秋天，

斑彩错置到各处

山野，和枝叶中间，

象醉了的蝴蝶，或是

珊瑚珠翠，华贵的失散，

缤纷降落到地面上。

这时候心得象歌曲，

由山泉的水光里闪动，

浮出珠沫，溅开

山石的喉嗓唱。

这时候满腔的热情

全是你的，秋天懂得，

秋天懂得那狂放，——

秋天爱的是那不经意

不经意的凌乱！

但是秋天，这秋天，

他撑着梦一般的喜筵，

不为的是你的欢欣：

他撒开手，一掬璎珞，

一把落花似的幻变，

还为的是那不定的

悲哀，归根儿蒂结住

在这人生的中心！

一阵萧萧的风，起自

昨夜西窗的外沿，

摇着梧桐树哭。——

起始你怀疑着：

荷叶还没有残败；

小划子停在水流中间；

夏夜的细语，夹着虫鸣，

还信得过仍然偎着

耳朵旁温甜；

但是梧桐叶带来桂花香，

已打到灯盏的光前。

一切都两样了，他闪一闪说，

只要一夜的风，一夜的幻变。

冷雾迷住我的两眼，

在这样的深秋里，

你又同谁争？现实的背面

是不是现实，荒诞的，

果属不可信的虚妄？

疑问抵不住简单的残酷，

再别要悯惜流血的哀惶,

趁一次里,要认清

造物更是摧毁的工匠。

信仰只一细柱香,

那点子亮再经不起西风

沙沙的隔着梧桐树吹!

如果你忘不掉,忘不掉

那同听过的鸟啼;

同看过的花好,信仰

该在过往的中间安睡。……

秋天的骄傲是果实,

不是萌芽,——生命不容你

不献出你积累的馨芳;

交出受过光热的每一层颜色;

点点沥尽你最难堪的酸怆。

这时候,

切不用哭泣;或是呼唤;

更用不着闭上眼祈祷;

(向着将来的将来空等盼);

只要低低的,在静里,低下去

已困倦的头来承受,——承受

这叶落了的秋天

听风扯紧了弦索自歌挽：

这夜，这夜，这惨的变换！

二十二年十一月中旬

红叶里的信念

年年不是要看西山的红叶，
谁敢看西山红叶？不是
要听异样的鸟鸣，停在
那一个静幽的树枝头，
是脚步不能自已的走——
走，迈向理想的山坳子
寻觅从未曾寻着的梦：
一茎梦里的花，一种香，
斜阳四处挂着，风吹动，
转过白云，小小一角高楼。

钟声已在脚下，松同松
并立着等候，山野已然
百般渲染豪侈的深秋。
梦在哪里，你的一缕笑，
一句话，在云浪中寻遍，
不知落到哪一处？流水已经
渐渐的清寒，载着落叶
穿过空的石桥，白栏杆，
叫人不忍再看，红叶去年
同踏过的脚迹火一般。

好，抬头，这是高处，心卷起
随着那白云浮过苍茫，
别计算在哪里驻脚，去，
相信千里外还有霞光，
像希望，记得那烟霞颜色，
就不为编织美丽的明天，
为此刻空的歌唱，空的
凄恻，空的缠绵，也该放
多一点勇敢，不怕连牵
斑驳金银般旧积的创伤！

再看红叶每年，山重复的

流血，山林，石头的心胸

从不倚藉梦支撑，夜夜

风像利刃削过大土壤，

天亮时沉默焦灼的唇，

忍耐的仍向天蓝，呼唤

瓜果风霜中完成，呈光彩，

自己山头流血，变坟台！

平静，我的脚步，慢点儿去，

别相信谁曾安排下梦来！

一路上枯枝，鸟不曾唱，

小野草香风早不是春天。

停下！停下！风同云，水同

水藻全叫住我，说梦在

背后；蝴蝶秋千理想的

山坳同这当前现实的

石头子路还缺个牵连！

愈是山中奇妍的黄月光

挂出树尖，愈得相信梦，

梦里斜晖一茎花是谎！

但心不信！空虚的骄傲

秋风中旋转，心仍叫喊

理想的爱和美，同白云

角逐；同斜阳笑吻；同树，

同花，同香，乃至同秋虫

石隙中悲鸣，要携手去；

同奔跃嬉游水面的青蛙，

盲目的再去寻盲目日子，——

要现实的热情另涂图画，

要把满山红叶采作花！

这萧萧瑟瑟不断的呜咽，

掠过耳鬓也还卷着温存，

影子在秋光中摇曳，心再

不信光影外有串疑问！

心仍不信，只因是午后，

那片竹林子阳光穿过

照暖了石头，赤红小山坡，

影子长长两条，你同我

曾经参差那亭子石路前，

浅碧波光老树干旁边！

生命中的谎再不能比这把
颜色更鲜艳！记得那一片
黄金天，珊瑚般玲珑叶子
秋风里挂，即使自己感觉
内心流血，又怎样个说话？
谁能问这美丽的后面
是什么？赌博时，眼闪亮，
从不悔那猛上孤注的力量；
都说任何苦痛去换任何一分，
一毫，一个纤微的理想！

所以脚步此刻仍在迈进，
不能自已，不能停！虽然山中
一万种颜色，一万次的变，
各种寂寞已环抱着孤影：
热的减成微温，温的又冷，
焦黄叶压踏在脚下碎裂，
残酷底散排昨天的细屑，
心却仍不问脚步为甚固执，
那寻不着的梦中路线，——
仍依恋指不出方向的一边！

西山，我发誓地，指着西山，
别忘记，今天你，我，红叶，
连成这一片血色的伤怆！
知道我的日子仅是匆促的
几天，如果明年你同红叶
再红成火焰，我却不见，……
深紫，你山头须要多添
一缕抑郁热情的象征，
记下我曾为这山中红叶，
今天流血地存一堆信念！

无题

什么时候再能有

那一片静；

溶溶在春风中立着，

面对着山，面对着小河流？

什么时候还能那样

满掬着希望；

披拂新绿，耳语似的诗思，

登上城楼，更听那一声钟响？

什么时候，又什么时候，心

才真能懂得

这时间的距离；山河的年岁；

昨天的静，钟声

昨天的人

怎样又在今天里划下一道影！

记忆

断续的曲子，最美或最温柔的
夜，带着一天的星。
记忆的梗上，谁不有
两三朵娉婷，披着情绪的花
无名的展开
野荷的香馥，
每一瓣静处的月明。

湖上风吹过，头发乱了，或是
水面皱起像鱼鳞的锦。

四面里的辽阔，如同梦

荡漾着中心彷徨的过往

不着痕迹，谁都

认识那图画，

沉在水底记忆的倒影！

1936 年 2 月

时间

人间的季候永远不断在转变

春时你留下多处残红，翩然辞别，

本不想回来时同谁叹息秋天！

现在连秋云黄叶又已失落去

辽远里，剩下灰色的长空一片

透澈的寂寞，你忍听冷风独语？

雨后天

我爱这雨后天，

这平原的青草一片！

我的心没底止的跟着风吹，

风吹：

吹远了香草，落叶，

吹远了一缕云，像烟——

像烟。

静坐

冬有冬的来意，

寒冷像花，——

花有花香，冬有回忆一把。

一条枯枝影，青烟色的瘦细，

在午后的窗前拖过一笔画；

寒里日光淡了，渐斜……

就是那样底

像待客人说话

我在静沉中默啜着茶。

1936 年冬 11 月

笑

笑的是她的眼睛，口唇，

和唇边浑圆的漩涡，

艳丽如同露珠，

朵朵的笑向

贝齿的闪光里躲。

那是笑——神的笑，美的笑；

水的映影，风的轻歌。

笑的是她惺松的卷发，

散乱的挨着她耳朵。

轻软如同花影，

痒痒的甜蜜

涌进了你的心窝。

那是笑——诗的笑，画的笑；

云的留痕，浪的柔波。

深笑

是谁笑得那样甜，那样深，

那样圆转？一串一串明珠

大小闪着光亮，迸出天真！

清泉底浮动，泛流到水面上，

灿烂，

分散！

是谁笑得好花儿开了一朵？

那样轻盈，不惊起谁。

细香无意中，随着风过，

拂在短墙，丝丝在斜阳前

挂着

留恋。

是谁笑成这百层塔高耸，

让不知名鸟雀来盘旋？是谁

笑成这万千个风铃的转动，

从每一层琉璃的檐边

摇上

云天？

山中一个夏夜

山中有一个夏夜，深得

像没有底一样；

黑影，松林密密的；

周围没有点光亮。

对山闪着只一盏灯——两盏

像夜的眼，夜的眼在看！

满山的风全蹑着脚

像是走路一样；

躲过了各处的枝叶

各处的草，不响。

单是流水，不断的在山谷上

石头的心，石头的口在唱。

均匀的一片静，罩下

像张软垂的慢帐。

疑问不见了，四角里

模糊，是梦在窥探？

夜像在祈祷，无声的在期望，

幽馥的虔诚在无声里布漫。

一首桃花

桃花，

那一树的嫣红，

象是春说的一句话；

朵朵露凝的娇艳，

是一些

玲珑的字眼，

一瓣瓣的光致，

又是些

柔的匀的吐息；

含着笑，

在有意无意间

生姿的顾盼。

看，——

那一颤动在微风里

她又留下，淡淡的，

在三月的薄唇边，

一瞥，一瞥多情的痕迹！

1931 年 5 月，香山

八月的忧愁

黄水塘里游着白鸭，

高粱梗油青的刚高过头，

这跳动的心怎样安插，

田里一窄条路，八月里这忧愁？

天是昨夜雨洗过的，山岗

照着太阳又留一片影；

羊跟着放羊的转进村庄，

一大棵树荫下罩着井，又像是心！

从没有人说过八月什么话，

夏天过去了，也不到秋天。

但我望着田垄，土墙上的瓜，

仍不明白生活同梦怎样的连牵。

激昂

我要藉这一时的豪放

和从容，灵魂清醒的

在喝一泉甘甜的鲜露，

来挥动思想的利剑，

舞它那一瞥最敏锐的

锋芒，像皑皑塞野的雪

在月的寒光下闪映，

喷吐冷激的辉艳；——斩，

斩断这时间的缠绵，

和猥琐网布的纠纷，

剖取一个无瑕的透明，

看一次你，纯美，

你的裸露的庄严。

……

然后踩登

任一座高峰，攀牵着白云

和锦样的霞光，跨一条

长虹，瞰临着澎湃的海，

在一穹匀净的澄蓝里，

书写我的惊讶与欢欣，

献出我最热的一滴眼泪，

我的信仰，至诚，和爱的力量，

永远膜拜，

膜拜在你美的面前！

5 月，香山

题剔空菩提叶

认得这透明体，

智慧的叶子掉在人间？

消沉，慈净——

那一天一闪冷焰，

一叶无声的坠地，

仅证明了智慧寂寞

孤零的终会死在风前！

昨天又昨天，美

还逃不出时间的威严；

相信这里睡眠着最美丽的

骸骨，一丝魂魄月边留念，——

……

菩提树下清荫则是去年！

1936 年 4 月 23 日

黄昏过泰山

记得那天

心同一条长河，

让黄昏来临，

月一片挂在胸襟。

如同这青黛山，

今天，

心是孤傲的屏障一面；

葱郁，

不忘却晚霞，

苍莽，

却听脚下风起，

来了夜——

展缓

当所有的情感

都并入一股哀怨

如小河，大河，汇向着

无边的大海，——不论

怎么冲急，怎样盘旋，——

那河上劲风，大小石卵，

所做成的几处逆流

小小港湾，就如同

那生命中，无意的宁静

避开了主流；情绪的

平波越出了悲愁。

停吧，这奔驰的血液；
它们不必全然废弛的
都去造成眼泪。
不妨多几次辗转，溯回流水，
任凭眼前这一切撩乱，
这所有，去建筑逻辑。
把绝望的结论，稍稍
迟缓，拖延时间，——
拖延理智的判断，——
会再给纯情感一种希望！

图书在版编目（CIP）数据

真正的美人熬得过岁月：做林徽因一样的女子 / 桑妮著．—北京：
国际文化出版公司，2016.6
ISBN 978-7-5125-0854-5

Ⅰ.①真… Ⅱ.①桑… Ⅲ.①林徽因（1904—1955）—人物研究
Ⅳ.① K826.16

中国版本图书馆 CIP 数据核字（2016）第 108624 号

真正的美人熬得过岁月：做林徽因一样的女子

作　者	桑　妮
责任编辑	戴　婕
总策划	葛宏峰
统筹监制	葛宏峰　李　莉
策划制作	李　莉　陈　静
内文插图	度薇年
美术编辑	秦　宇
出版发行	国际文化出版公司
经　销	国文润华文化传媒（北京）有限责任公司
印　刷	阳谷毕升印务有限公司
开　本	880 毫米 ×1230 毫米　　32 开
	7.75 印张　　　　　　146 千字
版　次	2016 年 6 月第 1 版
	2020 年 1 月第 2 次印刷
书　号	ISBN 978-7-5125-0854-5
定　价	45.00 元

国际文化出版公司
北京朝阳区东土城路乙 9 号　　邮编：100013
总编室：（010）64271551　　传真：（010）64271578
销售热线：（010）64271187
传真：（010）64271187-800
E-mail：icpc@95777.sina.net
http://www.sinoread.com